教育と修復的正義

学校における修復的実践へ

竹原 幸太 著

RJ 叢書11

成 文 堂

はしがき

「文学部の教育学専修から来たのは君かね？」，RJ 研究会へ初めて参加した際，西村春夫先生から尋ねられた言葉は確かこのような感じであったと思う。2003 年 3 月であった。

当時，早稲田大学第一文学部の教育学専修で学び，2002 年 12 月に提出した卒業論文で少年法改正との関連で修復的司法を取り上げ，大学院に進学して修復的司法を本格的に学びたいと考えていた。

もっとも，少年法研究でも注目されたばかりの修復的司法について，教育学研究ではほぼ知られておらず，大学院に進学後は，先ずは諸外国の動向に目を向け，修復的司法と教育との関係がいかに取り上げられているか探ることを計画していた。

そのような折，2003 年 1 月に同じ早稲田大学の法学部の高橋則夫先生が『RJ 叢書 修復的司法の探求』を出版されたのを知り，直ぐに手に入れて読み込んだ。その後，恐れ多くも，高橋先生に自分の問題関心とともに修復的司法を学びたい旨を連絡し，先生が担当される刑法の講義に参加するべきか尋ねたところ，RJ 研究会へのオブザーバー参加を勧めて下さり，3 月に初めてRJ 研究会の扉を叩いた。それが，冒頭示した場面の背景である。

本書でも触れているように，2000 年代初頭は修復的司法の議論が学界で活発化した時期であった。教育法学領域でも少年司法の動向と関連して修復的司法が知られ始め，学部時代からの恩師喜多明人先生より，子どもの権利条約総合研究所と子どもの人権研究会との共同開催「フォーラム 子どもの権利研究 2004 子どもの意見表明・参加の権利の 10 年」（於早稲田大学，2004 年 3 月 7 日）において，千葉の被害者加害者対話の会の山田由紀子弁護士がご報告されることを教えて頂き，幸運にも対話の会の実践報告を聴く機会に恵まれた。

ii　はしがき

　2001 年の学部 3 年時に卒業論文のテーマを検討していた際，偶然，少年事件の被害者と加害者の対話を試みる新しい取り組みが千葉で開始される新聞記事（『読売新聞』2001 年 6 月 24 日朝刊）を目にしたのが最初の修復的司法との出会いであった。以降，具体的にいかなる実践がなされているのか関心を持っていたので，大変貴重な機会となった。

　また，関西でも前野育三先生が代表を務められた被害者加害者対話支援センターが設立されることを知り，設立記念シンポジウム（於関西学院大学，2004 年 3 月 21 日）に参加し，東西での修復的司法実践の広がりの気運をいかに教育学研究に応用するかを模索し，2005 年 1 月に提出した修士論文では非行問題で修復的司法を試みる可能性を取り上げた。

　同年 6 月には山本英政先生により，ワクテルの『リアルジャスティス―修復的司法の挑戦』が RJ 叢書 2 巻として翻訳され，これを機として，西村先生，細井洋子先生のご支援を頂きながら，翌年 5 月に日本でも学校における修復的実践研究を進めるべく，RJ 研究会有志で修復的実践ワーキンググループを立ち上げた。

　博士課程進学後は，これらの実践研究をまとめて博士論文を執筆する予定であったが，指導教官の増山均先生からは海外での現地調査が必要であるとの助言を受け，経済的理由も相まって，博士論文では，いまなぜ日本で修復的司法・実践なのかを歴史的に根拠付ける作業として，日本の児童・少年保護思想史を取り上げた（拙著『菊池俊諦の児童保護・児童福祉思想に関する研究―戦前・戦中・戦後の軌跡と現代児童福祉法制への継承（早稲田大学モノグラフ No. 117）』早稲田大学出版部，2015）。

　それでも，ライフワークとして修復的実践研究を継続し，修復的実践ワーキンググループが 2011 年に共生と修復研究会へと改組されて以降は，代表の宿谷晃弘氏とともに，雑誌『共生と修復』の編集に携わり，山辺恵理子氏とはワクテルが主宰する IIRP の国際会議にも参加し，修復的実践の共同研究を展開してきた。

　さらに，この間，2006 年のゼア博士の来日，2017 年のアンブライト博士の

来日等もあり，国内で修復的司法のパイオニアの話を直接聴く機会に恵まれたことも幸運であった。

　長くなったが，本書は上述したこれまでの RJ 研究会及び共生と修復研究会での研究を基軸として，日本教育学会，日本教育法学会子ども安全研究会，日本司法福祉学会，日本法哲学会，日本犯罪社会学会，RJ 全国交流会，青森家庭少年問題研究会，子どもの権利条約総合研究所等で報告してきた研究を整理し，学校における修復的実践の理論的考察をまとめたものである。

　主題は修復的実践であるが，マクロ的に見れば教育学領域での修復的正義論であるため，本書のタイトルを「教育と修復的正義—学校における修復的実践へ」とした。修復的正義，修復的司法の訳語が一般化しているため，修復的正義・司法とは異なる異質な取り組みとして修復的実践が認識されることを回避するためでもある。

　各章と関連する初出論文も示したが，時間が経っている論文もあり，本書をまとめるにあたり，大幅に加筆，修正を行い，とりわけ，『共生と修復』誌が 5 号を以って休刊することに鑑み，共生と修復研究会での共同研究成果は詳細に記した。それでも若干，重複する部分があることはご容赦願いたい。

　本書は実に多くの方々との「学際的対話」を通じて書かれたものであり，そこで得た学びを出版する機会を与えて下さった高橋先生，修復的実践研究を導いて下さった西村先生，細井先生，そして RJ 研究会の皆様に改めて感謝申し上げる。そして，近時の厳しい出版事情の中で本書の出版を引き受けて下さった成文堂の阿部成一社長，編集担当の篠崎雄彦氏にも深謝申し上げる。

　学部生として修復的司法を学んでいた時期は遠い過去となり，気づけば，2015 年から母校の早稲田大学文化構想学部の「現代人間論系演習 いじめ・虐待と社会病理」（春学期）を教員として担当し，後輩の学生諸君と教育福祉領域での修復的実践を議論していた。

　毎年，大学院進学を目指す熱心な学生からは，研究テーマや研究の進め方等の相談を受け，学際的刺激に満ちた早稲田において修復的実践を担う次世

代を育てる意義を考えさせられた。本書を素材にさらに学生諸君と「学際的対話」をと考えていたが，時代の流れには逆らえず，次年度以降はそれが適わず残念でならない。

しかし，考えてみれば，本書は学部以降からの問題意識を反映させた，本来提出すべき博士論文のテーマであった。時あたかも増山先生の退官時期でもあり，先生のご支援を頂きながら，博士論文（歴史研究）と本書（国際比較研究）の問題意識をつなぎ，青少年の立ち直りの文化を一般向けに論じた拙著『失敗してもいいんだよ―子ども文化と少年司法』（本の泉社，2017）と併せてご参照頂ければ幸いである。

これを以って，早稲田での学びは一区切りであり，「卒業」である。本書が修復的実践を進める一助として，そして，私にとっての新たな船出の書となることを願って筆を置く。

2018 年 1 月

「西北の風」ならぬ「東北の寒風」に耳を傾けて

竹　原　幸　太

目　　次　v

目　　次

はしがき

初出一覧

第1章　修復的正義の学際的関心の高まりと修復的実践

1．はじめに……………………………………………………………*1*

2．修復的司法をめぐる先行研究…………………………………*2*

　⑴　法学領域における修復的司法への注目（2）

　⑵　修復的司法への関心の拡大と RJ 全国交流会の組織化（3）

3．学校における修復的実践をめぐる先行研究…………………*5*

　⑴　修復的実践ワーキンググループの設立と修復的実践研究（5）

　⑵　共生と修復研究会への改組と共同研究の展開（7）

4．修復的実践の理論的検討………………………………………*9*

第2章　青少年問題対策としての生徒指導の変遷
——今，なぜ修復的実践なのか？

1．はじめに………………………………………………………… *15*

2．非行・いじめの社会問題化と「体罰」問題………………… *16*

　⑴　青少年問題の学校問題化（16）

　⑵　管理教育と体罰の顕在化（17）

3．青少年問題対策としての「カウンセリング」・「心の教育」
　　……………………………………………………………… *18*

　⑴　体罰の反省からカウンセリングへの転換（18）

　⑵　心の教育論と少年法改正論の混在（19）

4．少年法改正と「毅然とした生徒指導（ゼロ・トレランス）」の連動

　　　　　　　　　　　　　　　　　　　　　　　　　　　　　　　…………………………………………………………… *20*

　　⑴　少年司法と学校教育で連動する個人の責任追及 (20)

　　⑵　規範意識低下論と徳育・毅然とした生徒指導の強化 (21)

　5．青少年問題の「教育福祉的支援」と「法的統制」の混在… *23*

　　⑴　問題行動の背景を読み解くチーム学校構想 (23)

　　⑵　徳育・毅然とした生徒指導の強化論を継承する立法 (24)

　6．「関係性の病理」として青少年問題を捉え直す修復的実践

　　　　　　　　　　　　…………………………………………………… *27*

　　⑴　青少年問題を捉える視点の変化 (27)

　　⑵　青少年問題の実態に即した修復的実践 (28)

第3章　日本におけるゼロ・トレランス受容の問題点と修復的実践への転換

　1．はじめに……………………………………………………… *33*

　2．「毅然とした生徒指導(ゼロ・トレランス)」の受容過程と実践事例…………………………………………………… *34*

　　⑴　ゼロ・トレランスの紹介と文部科学省の提言 (34)

　　⑵　ゼロ・トレランスの導入事例 (35)

　3．ゼロ・トレランスの肯定的評価の再検討 ………………… *37*

　　⑴　ゼロ・トレランス推進の背後仮説としての「教育再生」論 (37)

　　⑵　「学校から刑務所へのパイプライン」現象への批判 (38)

　4．修復的実践への転換と実践事例…………………………… *40*

　　⑴　修復的実践の構造と期待される教育効果 (40)

　　⑵　ミネソタ州におけるゼロ・トレランス中止と修復的実践への転換 (42)

　　⑶　修復的過程と意思決定手続き (43)

　5．修復的実践の留意点………………………………………… *44*

　　⑴　実践の羅針盤となる子ども観・教育観 (44)

　　⑵　生徒参加・意見表明権の保障とアセスメントの必要性 (46)

目　次　vii

第4章　修復的実践の世界的展開と構造

1．はじめに……………………………………………………… *53*

2．修復的実践の連続構造と修復的過程……………………… *53*

⑴　連続体としての修復的実践（53）

⑵　応答的統制となる修復的実践（54）

⑶　修復的実践の基盤となる価値とスキル（57）

3．修復的実践のプログラムと評価…………………………… *58*

⑴　第一水準の総合的な修復的介入（58）

⑵　第二水準の的を絞った修復的介入（59）

⑶　第三水準の徹底的な修復的介入（60）

4．修復的実践とシティズンシップ教育……………………… *60*

第5章　IIRP の活動内容と修復的実践の研修

1．はじめに……………………………………………………… *65*

2．IIRP の活動概要……………………………………………… *66*

⑴　IIRP の沿革と実践プロジェクト（66）

⑵　IIRP 加盟国の拡大と修復的実践の国際共有（67）

3．修復的スキルとなる「修復的問いかけ」と「フェアプロセス」………………………………………………………… *67*

⑴　修復的実践の構造とスキル（67）

⑵　修復的スキル研修の実際（69）

4．修復的実践に日本が学ぶもの……………………………… *71*

⑴　「対話する関係性」とアクティブ・ラーニング（71）

⑵　問題行動ケースの担い手と「チーム学校」での実践可能性（72）

⑶　暴力予防に向けた学校自治の形成（73）

viii　目　次

第6章　修復的実践と道徳性の発達

1．はじめに……………………………………………………… *77*

2．修復的実践の対話過程における道徳的葛藤……………… *78*

⑴　再統合的恥付けの条件設定と応答責任（78）

⑵　道徳的葛藤を経由した再統合的恥付け（79）

3．修復的実践と道徳教育………………………………………… *80*

⑴　学校教育全体を通じた道徳教育の一部としての修復的実践（80）

⑵　日本の学校教育で修復的実践の要素を取り入れる場面（81）

4．修復的スキル研修の課題…………………………………… *82*

第7章　ジャスト・コミュニティと修復的実践の比較検討
──アメリカ教育史的観点から

1．はじめに……………………………………………………… *85*

2．アメリカ教育史として見たジャスト・コミュニティと修復的実践の連関性………………………………………………… *87*

⑴　プラグマティズムとジャスト・コミュニティ（87）

⑵　実証研究の台頭とジャスト・コミュニティの衰退（88）

⑶　「正義」を理念とする学校コミュニティ形成の再燃（89）

⑷　教育史的観点から見た修復的実践の意義（90）

3．ジャスト・コミュニティと修復的実践における「教育価値」の位置づけと布置関係………………………………………… *91*

⑴　実践構造・教育価値の類似性（91）

⑵　「発達の刺激としての対話」と「教育価値としての対話」（93）

⑶　教師の役割の相違（94）

⑷　ジャスト・コミュニティと修復的実践の布置関係（95）

4．実践展開を支える教師支援の視座………………………… *96*

⑴　ジャスト・コミュニティの実践事例に学ぶ教師支援の課題（96）

⑵　実践を支える要素となる省察サイクル（97）

目　次　ix

⑶　学校全体を通じた修復的実践の実践事例に見る継続課題（98）

⑷　実証効果を超えた「学習としての実践評価」の視点（100）

5．子どもの発達段階と正義概念……………………………………101

第8章　日本における修復的実践の文化的基盤
——再統合的恥付け理論を手がかりとして

1．はじめに………………………………………………………………107

2．日本文化における恥の類型・機能と現代文化への反映…109

⑴　「私恥」の自覚に敏感な日本文化（109）

⑵　「私恥」の過剰反応による反作用と「空気を読む」文化（110）

⑶　「公恥」に基づく制裁としての村八分（112）

⑷　村八分意識の残存と現代の社会的排除（114）

3．再統合的恥付けと道徳的社会化…………………………………115

⑴　価値意識を変革する「私恥」と再統合的恥付け（115）

⑵　「私恥」の反作用を抑止する条件（116）

⑶　道徳的社会化としての再統合的恥付け（117）

4．日本的「空気」に切り込む教育戦略としての修復的実践

………………………………………………………………119

第9章　学校の修復的実践から修復的少年司法への架橋

1．はじめに……………………………………………………………123

2．修復的司法の研究・実践の展開………………………………124

⑴　諸外国の修復的司法の動向（124）

⑵　日本の修復的司法の動向（126）

⑶　修復的司法の実践モデルの検討（127）

⑷　修復的司法の停滞（127）

3．修復的実践を通じた対話風土の形成と厳罰論への対抗

………………………………………………………………129

⑴　修復的実践の構造と射程（129）

⑵　修復的司法と子どもの権利擁護（130）

4．日本における修復的司法・実践の展望 ……………………*132*

⑴　修復的司法・実践を試みる意義（132）

⑵　対話を育む茨田高校の実践（134）

第10章　発達のつまずき・失敗を乗り越える「甦育」と修復的実践

1．はじめに ………………………………………………………*139*

2．思春期・青年期の発達課題をいかに捉えるか ……………*140*

⑴　少年事件に登場する少年達の発達困難（140）

⑵　裁判員裁判で見え難くなる発達課題（142）

3．つまずき・失敗から立ち直る「甦育」と修復的実践 ……*143*

⑴　少年事件から確認すべき機関連携・チーム支援（143）

⑵　「徳育」・「療育」から「甦育」へ（144）

初出一覧

第1章

「修復的実践ワーキンググループの活動沿革と今後の展望―私と修復的実践研究」『共生と修復』1号，2011

「読書案内　細井洋子・西村春夫・高橋則夫編『RJ叢書8　修復的正義の今日・明日―後期モダニティにおける新しい人間観の可能性』」『東北公益文科大学総合研究論集』20号，2011

「ニュージーランドのファミリーグループ・カンファレンスと修復的実践研究」『ニュージーランド・ノート（東北公益文科大学公益総合研究センター）』14号，2012

「ファミリー・グループ・カンファレンスの研究動向と日本での実践課題」日本ニュージーランド学会・東北公益文科大学ニュージーランド研究所編『「小さな大国」ニュージーランドの教えるもの―世界と日本を先導した南の理想郷』論創社，2012

第2章

「青少年問題対策と子どもの権利保障の課題―非行・いじめ問題を中心に」『青森家庭少年問題研究会会報』No.7，2015

「学校における修復的実践の意義と課題」『犯罪社会学会第44回大会報告要旨集』2017

第3章

「日本におけるゼロトレランス受容の基本問題と修復的実践の可能性」『フィロソフィア（早稲田大学哲学会）』96号，2009

「ゼロトレランスの問題点と修復的実践の可能性―問題解決過程における子ども参加の視点から」『季刊教育法』No165，2010

「問題行動をめぐる生徒指導とケア」宿谷晃弘・河合正雄・宇田川光弘編『ケアと人権』成文堂，2013

第4章

「学校における修復的実践の展望」『犯罪と非行』No.153，2007（細井洋子・西村春夫・高

xii　初出一覧

橋則夫編『RJ 叢書 8 修復的正義の今日・明日―後期モダニティにおける新しい人間観の可能性』成文堂，2010 に所収）

第 5 章

「修復的実践の国際動向とスキルトレーニングについて―第 14 回 IIRP 国際会議に参加して」『共生と修復』2 号，2012

「暴力予防に向けた学校自治の形成と課題―修復的実践の国際動向に学ぶ」『季刊教育法』No. 181，2014

第 6 章

「修復的実践と道徳性の発達」『早稲田大学大学院文学研究科紀要』52 輯 1 分冊，2007

「無縁社会がもたらす子ども不信を乗り越える―当事者参加による非行克服の新たな展開」『子ども白書 2011』草土文化，2011

第 7 章

「ジャスト・コミュニティと修復的実践―対話と参加による学校の問題解決」『共生と修復』3 号，2013

「対話と参加を基盤とする学校コミュニティ形成に見る道徳教育への示唆―ジャスト・コミュニティと修復的実践のアメリカ教育史的考察を通じて」『東北公益文科大学総合研究論集』25 号，2014

第 8 章

「修復的正義と日本文化に関する教育学的研究―再統合的恥付けをめぐる教育戦略」『RJ 叢書 9 修復的正義の諸相―細井洋子先生古稀祝賀』成文堂，2015

第 9 章

「修復的少年司法の再構築―教育領域の修復的実践から修復的少年司法への架橋」『子どもの権利研究―子どもの権利が拓く 18 歳選挙権・多様な学び・格差貧困問題』27 号，2016

第 10 章

「思春期・青年期の発達の「つまずき」・「失敗」を受容する少年司法」『子ども白書 2017』本の泉社，2017

第1章 修復的正義の学際的関心の高まりと 修復的実践

1．はじめに

　周知のように，Restorative Justice とは，刑事司法領域から生成されてきた用語であり，犯罪によって崩れた人間関係を被害者，加害者，犯罪に関係するコミュニティの3者の対話によって回復を試みる実践を意味する。

　こうした実践は，欧米，欧州，オセアニア諸国をはじめとして世界各国で広がり，近年では児童福祉や学校教育等における暴力・紛争の解決においても，Restorative Justice の原理を生かした実践が試みられている。

　日本では，Restorative Justice の訳語は，「修復的司法」，「修復的正義」，「回復的正義」，「快復的正義」等，幾つか訳語が付され，その訳語をめぐり，2000 年代初頭に西村春夫は以下のように述べていた。

　「restorative justice は色々と訳されている。先ず，justice は司法か正義かである。欧米では修復的方法は司法機能を否定するか弱め，日常世界での犯罪に至らぬトラブル解決にも用いようとしているので，ここでは正義を使う。が，日本語の正義は善悪の二項対立と悪の断罪をほのめかすから，座りのよい語とはいえない。restorative に定訳はないが，この語は在来型の金銭的弁償のみならず，人間関係における精神的償いを重視する意味を込めてとくに使われ始めた経緯があり，そのことを示すため筆者は『関係修復』を用いてきた（中略）しかし，回復，修復にも違和があり，restorative に代えて creative あるいは transformative という語を使う学者，実践家もいる。」[1]

　その後，刑事司法領域では「修復的司法」という訳語が定着したものの，Restorative Justice の究極的な目標は，犯罪や紛争等で崩れた人間関係を対

話を通じて回復させ，被害者，加害者，コミュニティへの正義の実現を図ることを意味するため，「修復的正義」という訳語も定着した。

ただし，世界の動向を見た場合，学校において Restorative Justice の原理を応用した実践は，意識的に司法分野と区別して Restorative Practices という用語が使用されてきた。

そこで，本書では刑事司法領域での文脈においては「修復的司法」という用語を，学校領域の文脈においては「修復的実践」という用語を使用し，多領域を包括した社会運動的文脈においては「修復的正義」という用語を使用することとする。

以下では，日本国内での修復的司法の先行研究を概観しつつ，学校における修復的実践がどのような文脈で注目され，何が議論されてきたのかを整理していく。

2．修復的司法をめぐる先行研究

⑴　法学領域における修復的司法への注目

日本の刑事司法領域において「修復的司法」が紹介され，研究の議論が本格化するのは 1990 年代後半から 2000 年代初頭にかけてであった。

修復的司法の研究史については，西村春夫が詳細に整理しているように[2]，当初は刑事司法領域で関心が示され，関東では 2000 年に犯罪社会学，刑法学の観点から修復的司法について研究を進めていた西村，細井洋子，高橋則夫が代表となり，RJ 研究会が設立された。

学界全体としては，1990 年代後半以降から少年司法領域において，ニュージーランドのファミリー・グループ・カンファレンス（Family Group Conference，以下，FGC）が注目され[3]，各国の修復的司法の動向が注目され始めた。

2000 年代には「被害者への修復責任（Accountability）」と「加害者の資質発達（Competency Development）」，「地域社会の安全（Community Safety）」の 3 つの要素をバランスよく回復させていくアメリカの均衡的修復的司法（Balanced and Restorative Justice）の理念は賛同できるものの，実際の運用は被害者支援を口実とした厳罰傾向にあることも指摘されてきた[4]。

その後，少年法改正論議が活発化してくる中で，犯罪被害者支援等との関連において，日本犯罪社会学会，日本刑法学会等でも修復的司法が取り上げられた[5]。

2001 年には高橋貞彦，前野育三が監訳者となり，コンセディーン（J. Consedine）とボーエン（H. Bowen）による編著『修復的司法―現代的課題と実践』（Restorative Justice：Contemporary Themes and Practice. 1999）の翻訳を関西学院大学出版会より出版した。同書は日本で初めて修復的司法という題名を掲げた文献であったため，修復的司法の一形態として広く FGC を周知させることとなった[6]。

また，2000 年少年法改正において，犯罪被害者への配慮が焦点化されると，修復的司法の実務にも関心が払われ，2001 年には千葉で被害者加害者対話の会運営センター（現在の NPO 対話の会）が設立され，2004 年には前野を代表として大阪でも NPO 被害者加害者対話支援センターが設立された（2009 年に解散）[7]。

RJ 研究会においても，精力的に共同研究が展開され，2002 年 12 月には『犯罪の被害とその修復―西村春夫先生古稀祝賀』（敬文堂）が出版され，研究会メンバーによる修復的司法に関する論考も収録された。翌年 1 月には，RJ 叢書の第 1 巻として，高橋則夫『修復的司法の探求』が成文堂から出版され（現在，10 巻まで発行），翻訳以外ではじめて「修復的司法」という用語を含んだ文献が出版され，6 月には西村，細井，高橋が監訳して，ゼア（H. Zehr）の『修復的司法とは何か―応報から関係修復へ』（Changing Lenses. 1995）の翻訳が新泉社から出版され，修復的司法の理論研究が進展した。

⑵　修復的司法への関心の拡大と RJ 全国交流会の組織化

2000 年代初頭には，少年司法問題と関連して社会福祉学，教育学領域からも修復的司法について注目する研究が現れた。

4 第1章 修復的正義の学際的関心の高まりと修復的実践

　社会福祉領域では，伊藤冨士江が小松源助から家族援助技術としてコノリー（M. Conoly）とマッケンジー（M. MaKenzie）の共著『ファミリー・グループ・カンファレンス』(Effective Participatory Practice：Family Group Conferencing on Child Protection, 1999) を紹介されたことを機に，ニュージーランドのカンタベリー大学に訪問してコノリーに聴き取り調査を行い，少年司法領域で FGCが効果を上げ，修復的司法という認識の下に展開されている動向を紹介し，後にソーシャルワークの観点からアメリカの被害者・加害者調停（Victim Offenders Mediation）についても紹介した[8]。

　伊藤の研究は，FGC を通じて修復的司法研究へ接続していく性格であったが，ストレングスをベースにした効果的家族参画の援助技法として FGCに注目し，児童虐待ケースにおける親子再統合という観点で FGC を論じたのが林浩康であり，高橋重宏が監訳してコノリーとマッケンジーの共著『ファミリー・グループ・カンファレンス』が出版された際には解題を執筆した[9]。

　教育学領域では，2000 年代初頭に平野裕二，船木正文，山本聡らが少年法の理念や国連子どもの権利条約，リヤド・ガイドライン（少年非行防止のための国連指針）との関連で早くに修復的司法の動向を取り上げ，子どもの司法参加・社会参加を通じた成長発達支援の一方法として修復的司法を紹介していた[10]。

　もっとも，この時点では少年法改正問題との関係で修復的司法に言及される場合が多く，教育学独自の問題として，修復的司法の原理を応用した生徒指導方法について注目する研究は非常に少ない状況であった[11]。

　しかし，2003 年，2004 年に長崎県内で触法少年による少年事件が立て続けに生じ，問題行動をめぐる生徒指導への社会的関心が高まり，文部科学省では少年事件の背景に児童生徒の規範意識の低下があると考え，問題行動の未然予防として徳育を強化しつつ，問題行動を起こした児童生徒には「毅然とした生徒指導（ゼロ・トレランス）」で対応することが検討された。

　2000 年代後半には，ゼロ・トレランスの具体的な実践例として，問題行動を起こす児童生徒への効果的な出席停止が議論されたが，こうした生徒指導

に対しては賛否を呼び，被害者の視点を取り込んだ指導，あるいは学級集団で問題行動を解決していく生徒自治を育む生徒指導として，諸外国で取り組まれている学校の修復的司法について関心が寄せられ始めた[12]。

　さらに，2005 年には RJ 叢書の第 2 巻として，ワクテル（T. Wachtel）『リアルジャスティス―修復的司法の挑戦』（Real Justice：How we can revolutionize our response to wronging, 1997）が山本英政によって翻訳され，教育実践において修復的司法の原理が応用されていることが広く紹介され，大阪の被害者加害者対話支援センターの定期勉強会でも取り上げられた。

　以上のように，2000 年代初めから半ばにかけては，法学領域を超えて修復的司法・修復的正義への関心が高まっていたものの，この時点では学問間で十分な研究交流が図られず，それぞれの領域で個別に展開されている状況にあった[13]。

　そのような状況も受けて，2005 年には修復的司法の研究，実務の両面の関心を学際的に共有する場として，日本被害者学会の開催時期に RJ 全国交流会が企画・開催されるようになり，2017 年まで 13 回を重ね，刑事法，社会福祉，教育，平和構築，宗教，労働法等の領域に関する報告がなされている[14]。

3．学校における修復的実践をめぐる先行研究

⑴　修復的実践ワーキンググループの設立と修復的実践研究

　現在，修復的司法は法学，福祉学を飛び越え，教育学領域でも注目されるに至っているが，先行研究の議論の積み重ねに目を向けることなく，新しい生徒指導方法として唐突に修復的司法が取り上げられる傾向もある[15]。

　教育学領域で修復的司法に関心が広がることは歓迎すべきことであるが，先行研究の議論に目を向けることがなければ，同じ議論の再生産になり兼ねず，研究にしても実務にしても，議論の発展は鈍くなってしまうのではないだろうか。

　確かに修復的司法をめぐる学際的研究は進んだものの，教育学領域で修復

6   第1章　修復的正義の学際的関心の高まりと修復的実践

的司法研究はマイナーであることも確かである。しかし，RJ 叢書第2巻が元
公立中学校教師のワクテルの著書『リアルジャスティス』であったことが物
語るように，少なくとも，RJ 研究会においては学校における修復的司法につ
いて早くから検討され，ワクテルが代表を務めるペンシルベニア州の NPO
「修復的実践のための国際組織（International Institute for Restorative Practices，以
下，IIRP）」の活動についても関心が寄せられていた。

　当時，RJ 研究会では『法律時報』誌上で「修復的司法の動向」（2002〜2005
年，全20回）を隔月連載しており，修復的司法に関する代表的な論考を翻訳・
紹介していた。

　同連載では，IIRP の活動も取り上げられ，修復的司法の原理は刑事司法領
域を超えて，学校教育，児童福祉，企業等，司法に触れる以前の対人トラブ
ルにおいても応用されて実践され，それが「修復的実践」という考えの下に
展開されていることが紹介され，日本国内での修復的実践の展開可能性につ
いても議論された[16]。

　2006年5月には，西村春夫，細井洋子の助言を受けながら，RJ 研究会の有
志（山本英政，鴨志田康弘，宿谷晃弘，竹原幸太）により，修復的実践ワーキンググ
ループ（以下，WG）が立ち上げられ，7月まで東洋大学で4回会合を重ね，学
校教育，特に生徒指導をめぐる諸課題を整理し，修復的実践プログラムがど
のように展開可能か類型化を試みた。

　また，西村の情報提供により，大阪大学 21 世紀 COE プログラムインター
フェイスの人文学「臨床と対話」研究グループの報告会（2006年11月第5回対
話シンポジウム）で紹介された大阪府立茨田高校のピア・メディエーション実
践に注目し，2007年10月の日本犯罪社会学会（於龍谷大学）の際には，WG メ
ンバーの鴨志田と竹原が同校のピア・メディエーション実践を担っている
NPO シヴィル・プロネット関西代表の津田尚廣弁護士を訪ね，学校のピア・
メディエーション実践に関してヒアリングを行った。

　以上のような共同研究を通じて，2000年代半ば以降には，日本の学校教育
において修復的実践を展開する意義と課題について整理され，コールバーグ

（L. Kohlberg）の道徳性の発達理論とブレイスウェイト（J. Braithwaite）の「再統合的恥付け理論（Reintegrative Shaming）」との関連性や諸外国の学校における修復的実践の理論や実践評価の動向等が検討された（4, 6章）。

これらの研究成果を基軸に，2008年の日本教育学会ではWGメンバーの竹原がゼロ・トレランスに代替する生徒指導方法として修復的実践について報告し，学会報告を通じて船木正文との研究交流もなされ，2009年7月には日本教育法学会子ども安全研究会でも修復的実践について報告している（3章）。

さらに，2008年より文部科学省が開始したスクールソーシャルワーク事業とかかわって，山下英三郎が児童生徒の問題行動にアプローチする援助方法として修復的司法に注目していることを知り，WGメンバーで同年11月に開催された公開講座「対立から対話への模索―アメリカの学校における修復的対話の実践に学ぶ」『平成20年度日社大市民公開講座』（於日本社会事業大学）に参加し，WGの活動についても紹介した。これを機に，後述する共生と修復研究会において山下との研究交流もなされるようになった。

⑵ 共生と修復研究会への改組と共同研究の展開

2010年代に入ると法学領域での修復的司法への関心は徐々に後退していた。他方，教育学領域では修復的実践への関心が拡大しつつあり，修復的実践WGでは年1回のRJ全国交流会に加え，各領域の修復的実践に目を向けて情報交流を図り，それらの実践の意義や課題を丁寧に語り合う場が必要だと考えるに至った。

このような問題意識を基軸として，新たな正義の実現方法として社会全体で取り組まれる修復的正義の輪郭を描き出したのが，WGメンバーの宿谷晃弘であり，修復的正義の理論的背景と運動論的背景について整理した上で，修復的正義の実践を進める前提として，学校教育での学習を通じた「修復的文化」の醸成の必要性を指摘した[17]。

さらに，教師教育の観点から修復的実践の有する教育的意義について論じ

8 第1章 修復的正義の学際的関心の高まりと修復的実践

た山辺恵理子と平和教育の観点から南アフリカの真実和解委員会について論じた原口友輝も WG メンバーに加わり[18]，2010 年に修復的実践 WG を共生と修復研究会として改組することとし，宿谷を研究会代表に選任し，翌年3月に機関誌『共生と修復』を発行した。

『共生と修復』誌では毎号，国内外から，学校教育，児童福祉領域等で修復的実践に関心を寄せる研究者，実務家の論考を収録し，修復的実践の動向を概観できるように編集され，同誌の企画に即して研究会メンバーによる共同研究報告も日本子ども虐待防止学会，日本司法福祉学会，RJ 全国交流会においてなされている[19]。また，近年では RJ 研究会のメンバーとの共同研究報告も日本法哲学会でなされている[20]。

国際学会報告としては，山辺と竹原が 2011 年6月に第 14 回 IIRP 国際会議（於カナダハリファックス）に参加し，修復的実践を担うスキルトレーニングを受講しつつ，The Learning Community Approach in Japanese Schools：Building Collegial and Cooperative Relationships among Teachers（「日本の学校における学びの共同体—教師間の同僚性や協働的な関係性を築く」）と題して共同報告を行った（5章）。

同報告では，教師同士が互いの授業実践を省察しながら，教育スキルを高め合い，教師間の関係性と教師と子ども間の関係性の両者を強化し，学校コミュニティを作り上げていく日本の「学びの共同体」実践が修復的実践と重なり合うことを指摘し，日本の教育実践の一端を紹介した[21]。

この報告へ関心を示してくれた一人に，ニュージーランドオークランドにあるエッジウォーターカレッジ（Edgewater College）でスクールカウンセラー（Guidance Counsellor）兼学生支援室長（Head of Student Support and Development）として勤務しているマイケル・ウィリアムズ（M. Williams）がおり，学校教育におけるいじめ問題への対応として，修復的実践の原理を生かした Undercover Teams という実践を報告していた。

Undercover Teams とは，いじめの相談を受けたカウンセラーが被害生徒と面談した上で，いじめ問題について秘密で探る数名の生徒を選出し，都度，

カウンセラーが被害生徒の状況を確認しながら，いじめ被害の苦しみを選出した生徒に伝え，生徒達といじめが発生した学級環境を組み替えていくことを見守っていく実践であり，方法論的にはナラティブ・セラピーの理論に依拠したものであった[22]。

そこで，国際会議の後，山辺を通じて『共生と修復』誌において Undercover Teams の寄稿を依頼し，諸外国の修復的実践の動向の一つとして紹介した[23]。

4．修復的実践の理論的検討

以上のように，学校における修復的司法の先行研究を概観した場合，2000年代半ばから後半にかけて，修復的実践 WG のメンバーにより，学校教育における修復的実践研究が進められつつ，スクールソーシャルワーク領域においても修復的対話が注目され，2010年代には教育学領域においてもいじめ問題等との関係で修復的実践の研究が位置づけられてきた[24]。

もっとも，これまで学校における修復的実践研究の蓄積は少なく，共生と修復研究会の共同研究成果についても理論的検討がなされていない状況にある。

そこで，本書では国内外での修復的実践の研究及び RJ 研究会・共生と修復研究会での共同研究を踏まえ，学校の修復的実践の全体像を整理しながら，その理論的基盤と今日の日本の学校教育で実践する教育的意義について論じることとしたい。

[1]　西村春夫「対審から対話へ，対話から合意の決定へ─修復正義再訪」『罪と罰』39巻1号，2001，p. 42。

[2]　西村春夫「研究ノート　日本における修復的司法の源流を尋ねて─比較年代史的検討」同・高橋則夫編『修復的正義の諸相─細井洋子先生古稀祝賀』成文堂，2015を参照。

[3]　山口直也「ニュージーランド少年司法における家族集団会議（Family Group

Conferences)」『犯罪社会学研究』20 号，1995，藤本哲也「ニュージーランドの青少年法と青少年司法システム」『法学新法』103 巻 3・4 号，1997，高橋貞彦「修復的司法—アオテアロアの少年司法：ニュージーランドから世界への贈り物」中山研一先生古稀祝賀論文集編集委員会編『中山研一先生古稀祝賀論文集 第五巻』成文堂，1997，前野育三「ニュージーランド 1989 年少年法における各機関の連携」新倉修・横山実編『少年法の展望—澤登俊雄先生古稀祝賀論文集』現代人文社，2000 等を参照。

[4] 徳岡秀雄「少年司法は均衡・修復司法の時代か」『刑政』111 巻 2 号，2000，服部朗「修復的少年司法の可能性」『立教法学』55 号，2000，山口直也「修復的少年司法は新たな厳罰化をもたらさないか？」『法学セミナー』574 号，2002 等を参照。

[5] 例えば，「課題研究 修復的司法：理念と現代的意義」（小宮信夫・前野育三・A. Morris・M.S. Umbreit, R.B. Coates & B. Vos）『犯罪社会学研究』27 号，2002，「特集 刑法の目的と修復的司法の可能性」（高橋則夫・西村春夫・吉岡一男・所一彦）『刑法雑誌』41 巻 2 号，2002 等を参照。

[6] 同時期，前野育三，高橋貞彦，平山真里が中心となり，H. Strang and J. Braithwaite（ed）*Restorative Justice and Civil society*, Cambridge University Press, 2001 を関西学院大学の『法と政治』誌（53 巻 2 号〜54 巻 4 号，2002〜2003）において，「修復的司法と市民社会㈠〜㈦」として翻訳されたことも付記しておく。

[7] それぞれの活動については，山田由紀子『少年非行と修復的司法』新科学出版社，2016，藤岡淳子編『被害者と加害者の対話による回復を求めて—修復的司法における VOM を考える』誠信書房，2005 を参照。

[8] 伊藤冨士江「少年司法における家族グループ会議—ソーシャルワーク実践からの検討」『社会福祉学』45 巻 1 号，2004，同「犯罪被害者と加害者の対話—ソーシャルワーク実践からの検討」『社会福祉学』45 巻 3 号，2005。

[9] 林浩康「援助過程における家族参画の視点—ニュージーランドの児童虐待領域における家族参画モデル（ファミリー・グループ・カンファレンス）を取り上げて」『北星学園大学社会福祉学部北星論集』41 号，2004，佐々木政人・林浩康「解題 ファミリー・グループ・カンファレンスの挑戦」M. コノリー・M. マッケンジー『ファミリー・グループ・カンファレンス—子ども家庭ソーシャルワーク実践の新たなモデル』有斐閣，2005。林浩康『子ども虐待時代の新たな家族支援—ファミリーグループ・カンファレンスの可能性』明石書店，2008，同・鈴木浩之編『ファミリーグループ・カンファレンス入門—子ども虐待における「家族」が主役の支援』明石書店，2011 も参照。

[10] 船木正文「暴力予防と子どもの権利・責任—アメリカの衝突解決教育から学ぶ」『季刊教育法』No. 125，2000，平野裕二「少年司法の国際動向—地域と子ども主体の活動へ」同前所収，山本聡「新しい少年司法モデル—Balanced and Restorative

4．修復的実践の理論的検討　　*11*

Justice の理論と実践」『日本教育法学会年報』29 号，2000 等を参照。法学者から教育関係者へ修復的司法を紹介したものとして，山口直也「アメリカにおける修復的司法の実際」『教育』51 巻 5 号，2001 も参照。

[11] 少なくとも，RJ 研究会の扉を叩いた 2003 年 3 月，教育学領域で修復的司法の意義について言及する研究は皆無に等しく，研究会等で修復的司法の教育学的意義を説明するのに大変苦労した。

[12] 安藤博『子どもの危機にどう向き合うか―今，学校ができること，教師ができること』信山社，2004，pp. 172-193，油布佐和子「学校における VOMP の可能性―アメリカにおける修復的司法の試み」『福岡教育大学紀要』54 号 4 分冊，2005，上杉賢士「学級集団が成長するプロセスとポイント」『児童心理臨時増刊―集団づくり・学級づくりの実践』2007 年 4 月号，吉田卓司「学校における生徒指導と修復的司法―いじめ事件における VOM の活用」前野育三先生古稀祝賀論文集刊行委員会編『刑事政策学の体系―前野育三先生古稀祝賀論文集』法律文化社，2008 等を参照。

[13] 例えば，法学研究者の間で Restorative Justice を「修復的司法」，「修復的正義」と訳すことがスタンダードとなっていたのに対し，M. コノリー・M. マッケンジー『ファミリー・グループ・カンファレンス』の翻訳では「回復型公正」（p. 87）と訳されている。

[14] 第 11 回 RJ 全国交流会では，同会 10 周年を記念して，RJ 全国交流会（呼びかけ人：西村春夫・前野育三・細井洋子・高橋則夫）編『RJ 全国交流会十周年記念資料集』2015 が配布されている。前年の 10 回大会では，山田由紀子弁護士により，領域を超えて日本国内の修復的司法実践の共有が呼びかけられ，スクールソーシャルワーク領域の NPO 修復の対話フォーラム（代表山下英三郎），高齢者福祉領域の高齢者虐待を未然に防ぐ RJ 実践研究会（2016 年に RJ 対話の会として NPO 法人化，代表梅崎薫）も設立されるに至った。

[15] 例えば，神山貴弥・金山健一「マルチレベルアプローチ―日本版 包括的生徒指導の理論と実践（第 14 回）PBIS と修復的正義」『月刊学校相談』30 巻 6 号，2016 では先行研究への言及は確認できない。なお，金山は効果的な出席停止を促すために日本版ゼロトレランスを提唱しており，修復的正義をいかに捉えているのか懸念される。この点は，金山健一「日本版ゼロトレランスでは『出席停止』の効果的活用を」『月刊学校教育相談』2006 年 11 月号を参照。

[16] 竹原幸太「修復的司法の動向 13 ローラ・ミルスキー家族集団会議の世界的広がり―第三弾」『法律時報』76 巻 7 号，2004，細井洋子「修復的司法の動向 16『修復的実践のための国際組織』（International Institute for Restorative Practices）の活動を通して」『法律時報』77 巻 4 号，2005。なお，RJ 研究会では雑誌『犯罪と非行』でも修復的司法の広がりについて連載する予定であった。この点は，細井洋子・西村春夫・高橋則夫「修復的司法の現在・将来―連載をはじめるにあたって」『犯罪と非

12　第 1 章　修復的正義の学際的関心の高まりと修復的実践

行』No152，2007 を参照。同連載は学校（竹原幸太），児童虐待（小長井賀輿），ドメスティックバイオレンス（宿谷晃弘）で中断し，残りの領域も含めた論考を収録し，RJ 叢書 8 巻として，細井洋子・西村春夫・高橋則夫編『修復的正義の今日・明日—後期モダニティにおける新しい人間観の可能性』成文堂，2010 が発刊された。

[17]　宿谷晃弘・安成訓『修復的正義序論』成文堂，2010 を参照。修復の文化については，宿谷晃弘『人権序論—人権と修復的正義のプロジェクトの構築に向けて』成文堂，2011，pp. 234-235。

[18]　山辺恵理子「修復的正義から『修復的実践』へ—『修復的』であることの教育的意義の探求」『研究室紀要』（東京大学）36 号，2010，原口友輝「『移行期の正義』論における教育の位置—『歴史と私たち自身に向き合う（Facing History and Ourselves）』の活動の事例を中心に（研究ノート）」『教育学研究』77 巻 1 号，2010 を参照。

[19]　宿谷晃弘・竹原幸太・原口友輝・山辺恵理子「学校におけるファミリー・バイオレンス予防教育に関する研究—法教育を通じた修復的実践プログラムの展開可能性」『日本子ども虐待防止学会第 17 回学術集会いばらき大会プログラム・抄録集』2011，p. 183，宿谷晃弘・石戸充・瀧田信之・竹原幸太・山田由紀子・山辺恵理子「第 3 分科会 ケアに応答する正義—司法から教育へ」『司法福祉学研究』13 号，2013，竹原幸太・宿谷晃弘・五十嵐弘志・田中圭子「第 7 分科会 学校における紛争解決教育—修復的司法の原理に学ぶ」『司法福祉学研究』15 号，2015 を参照。RJ 全国交流会での報告については，宿谷晃弘「修復的実践 WG の活動報告—平和・共生のための教育的かつ具体的な実践の探求」（第 6 回大会，2010），同「人権と修復的正義のプロジェクトの構築に向けて」（第 7 回大会，2011），竹原幸太「子ども育成支援における修復的実践の意義と課題—問題解決過程への当事者参加」（第 8 回大会，2012），同「2000 年代の青少年政策の課題と修復的実践の教育的意義」（第 13 回大会，2017）がある。なお，『共生と修復』は 5 号を以って休刊することが決定している。

[20]　宿谷晃弘・長谷川裕寿・竹原幸太・安原陽平｜ワークショップ B 応報の彼方へ：修復的正義・修復的実践の挑戦」2015 年日本法哲学会学術大会。同報告の要旨は，宿谷晃弘「応報の彼方へ：修復的正義・修復的実践の挑戦」『法哲学会年報（2015）』2016 を参照。

[21]　共同報告の概要，詳細については，Eriko Yamabe and Kota Takehara, The Learning Community Approach in Japanese Schools : Building Collegial and Cooperative Relationships among Teachers in 14th World Conference of the IIRP in partnership with NSRJ-CURA (ed) *Institutionalizing Restorative Practices : Building Alliances Among Practitioners, Policy Maker`s & Scholars*, Nova Scotia Restorative Justice Community University Research Alliance, 2011, p. 32, 山辺恵理子「第 14 回 IIRP 国際会議での共同発表報告」『共生と修復』3 号を参照。なお，山

辺は 2010 年 10 月開催の第 13 回 IIRP 国際会議（於イギリス　ハル）でも単独報告を行っている（同「『修復的であること』という目標が学校にもたらし得るもの―修復的実践とコミュニティ形成」『共生と修復』1 号，2011）。

[22]　Williams, M., 'Undercover Teams : Redefining reputations and transforming bulling relationships in the school community, Explorations' An E-Journal of Narrtive Practice, 2010. No1 を参照（http://www.dulwichcentre.com.au/explorations-2010-1-michael-williams.pdf#search ＝ 'Undercover teams'，2017 年 10 月 1 日閲覧）。

[23]　Williams, M., The Undercover Team Approach : Eliminating Bullying and Transforming Reputations『共生と修復』2 号，2012 を参照。なお，近時翻訳された，ジョン・ウィンズレイド，マイケル・ウィリアムズ（綾城初穂訳）『いじめ・暴力に向き合う学校づくり―対立を修復し，学びに変えるナラティブ・アプローチ』新曜社，2016（Safe and Peaceful Schools : Addressing Conflict and Eliminating Violence, 2012）では，Undercover Teams は「秘密いじめ対策隊」と訳されているが（p. 163），その活動内容から，「いじめ潜入捜査チーム」等の意訳をあてるか，もしくはアンダーカバーチームスと原語のままの表記が妥当ではないかと考える。同翻訳を機に，2018 年 1 月 21 日には，マイケル・ウィリアムズ講演会「いじめ・対立を修復するスクールカウンセリング―加害者を含む 6 人の生徒たちが日常のなかでいじめ解決に暗躍する」（綾城初穂・Safe and Peaceful Schools 研究会主催，於東京家政大学）が開催された。

[24]　例えば，田淵久美子「修復的正義の人間観と教育的意義―いじめの解決を手がかりに」『活水論文集　健康生活学部編』57 号，2014，池島徳大・粕谷貴志「いじめ問題の解決能力を高める教師支援策の検討―修復的アプローチの考え方とその導入に焦点をあてて」『日本教育大学協会研究年報』33 号，2015，下西さや子・岡本晴美・西村いずみ「『修復的実践』に基づくいじめ対応の課題と可能性―大学生のいじめ経験に対する回顧的調査から」『広島国際大学医療福祉学科紀要』12 号，2016 等を参照。

第2章　青少年問題対策としての生徒指導の変遷
——今，なぜ修復的実践なのか

1．はじめに

　いつの時代も非行・いじめ問題は生じており，重大事件が起きるとともに，問題の処方箋として青少年問題対策がとられてきた。

　振り返れば，1980年代は第三の非行の波の時期を経て，「いじめ」が社会問題化し，児童生徒の問題行動の予防とその対策として学校教育における生徒指導が強化され，他方では行き過ぎた指導として「体罰」も問題化した。その後，1990年代半ばに再び「いじめ」が社会問題化したが，間もなく，1997年に神戸児童連続殺傷事件が起き，学校の生徒指導論から少年法改正論が社会の関心事となり，2000年少年法改正へと至った。

　それにもかかわらず，2000年代に突入にしても，いじめ，非行等の「青少年問題」が再び社会問題化され，2000年代半ばには青少年問題の解決に向けて「厳しさ」が説かれ始め，「毅然とした生徒指導（ゼロ・トレランス）」の導入や少年法改正（2007年，2008年，2014年）が重ねられ，いじめ対策も従来の文部科学省の通知対応から，2013年いじめ防止対策推進法の成立により「法的対応」へと変化してきた。

　しかし，青少年問題対策に磨きをかけた直後の2014年に長崎佐世保市の女子高校生による同級生殺害事件（以下，佐世保事件）と名古屋大学女子学生による知人殺害事件（以下，名古屋事件）が生じ，2015年には川崎で18歳の少年をリーダーとする3人の少年が13歳の中学1年生の少年を殺害する事件（以下，川崎事件）が，2016年には埼玉県東松山市で14歳から17歳の少年5人が16歳の少年を殺害する事件（以下，東松山事件）が生じた。

「問題→対策→問題→対策……」のサイクルを繰り返し、「厳しさ」を追求した青少年問題対策を打ち出した後に、これらの事件が生じている状況をどのように見ればいいのだろうか。

そこで、本章では、1980年代以降の非行・いじめ対策を中心とした青少年問題対策としての生徒指導の変遷を10年ごとの時期区分で概観した後、青少年問題対策としての生徒指導ではいかなる「視点」が求められるのか論じていく。

2．非行・いじめの社会問題化と「体罰」問題

⑴　青少年問題の学校問題化

一般的に非行問題の量的変化を見る場合、法務省発行の『犯罪白書』に示される少年による刑法犯の検挙人員に注目して分析がなされ、そこでは戦後直後の第一の非行の波、高度経済成長期の第二の非行の波、1980年前後の第三の非行の波があるとされている（1998年前後を第四の波とする見解もある）。

この内、最も検挙人員が多かったのは第三の非行の波の時期であり、万引きやシンナー吸引等の初発型非行が多くを占め、遊び感覚で非行を起こす「遊び型非行」とも表現された。この時期、少年司法領域では増加する非行ケースを効率よく振り分けるため、1984年「少年事件処理要領最高裁モデル試案」が発表されたが、これにより、家庭裁判所と地域社会の関連機関とが連携・協働しながら少年の立ち直りを支える試験観察等の実施が後退し、非行の背景を丁寧に捉え、教育的に働きかけていくケースワーク機能の低下につながらないか懸念も示されていた[1]。

こうした懸念は「非行」から、「校内暴力」・「いじめ」・「登校拒否」（後に不登校へ変更）等と青少年問題の語られ方が変化していく中で現実化していき、1980年代半ば以降の青少年問題は「学校病理」問題として学校が抱え込むようになっていく。

1985年には当時の文部省が通知「児童生徒のいじめ問題に関する指導の充

実について」において、「自分より弱いものに対して一方的に、身体的・心理的な攻撃を継続的に加え、相手が深刻な苦痛を感じているもの」と初めていじめの定義づけを行ったが、その翌年には学級で葬式ごっこを行い、いじめ被害生徒が「このままでは生き地獄になってしまう」との遺書を残して命を絶った中野富士見中いじめ自殺事件が生じ、以降、青少年問題の中心は「非行」から「いじめ」問題へと移行し、まさに「学校問題」化していった[2]。

(2) 管理教育と体罰の顕在化

いじめを中心に増加する学校内での問題行動に対して、当時の生徒指導方針は、「問題行動の背景」を理解するよりも、「問題行動の統制（行為規制）」に力点が置かれ、「服装の乱れは心の乱れ、非行の始まり」との意識の下に管理教育を徹底する学校も現れ、校内暴力、非行、いじめ等の問題行動を抑止するための教育的指導として「体罰」問題も浮上した[3]。

例えば、愛知県立東郷高校では、厳格な服装、持ち物検査や集団行動訓練をクラスごとで競わせる競技会等を実施し、集団に従順な人間を作り上げることを徹底したが、他方では教師が生徒の人格を傷つけるような言動も明るみとなり、生徒の人権・学習権を脅かす恐怖の管理教育（東郷方式）として物議を醸した[4]。

もっとも、こうした管理教育が可能であったのは、当時の非行・いじめ問題の対応に追われた教員意識に支えられていた側面もあり、1985 年に NHKの番組で公立中学校 1000 人の教員を対象に実施した体罰の意識調査では、昨年 1 年間で体罰（叩く、蹴る、長時間正座らせる）の有無を尋ねた場合、62％の教員があると回答し、その内、77％は正しい判断だったと回答している。

また、体罰の方法としては、平手で叩く、ゲンコツでなぐる、正座させることが多く、体罰を行う理由として、「おしゃべり」(45％)、「規則違反」(39％)、「指導に従わない」(32％)、「非行」(32％)、「けんか・いじめ」(29％)の順となっており（複数回答）、これらの体罰はやむを得なかったと体罰を肯定する回答傾向にあった[5]。

18 　第 2 章　青少年問題対策としての生徒指導の変遷

　これを踏まえれば，当時の教育現場では日常的に「体罰」がなされていたことも推察され，象徴的事件としては，不登校児や非行少年を鍛え直し，矯正させることを宣伝していたヨットスクールにおいて，訓練中の生徒が複数死亡したことを機に体罰が表面化した戸塚ヨットスクール事件がある。

　1980 年代は体罰が「懲戒」なのか「暴行罪」なのか法廷でも争われ，教員が平手や拳で生徒を殴り，叱責した指導が暴行罪に当たると起訴された事例では，生徒への叱責で事の重大さを伝える場合，やや強度の刺激（有形力の行使）を与えることは教育効果が期待できるとし，一定範囲内での体罰を肯定した水戸五中事件の判決（1981 年東京高裁）が出された。

　しかし，1980 年代半ば以降，「愛のムチ」を口実とする生徒指導が「体罰」として社会問題化していく中で，体罰肯定論には疑問の声も生じ，高校の研修旅行において校則に違反した生徒を殴打して死亡させた事例では，口頭の注意で十分指導はでき，「教育的な懲戒とは無縁」と体罰を肯定しつつあった学校風土に注意を促す岐陽高校事件判決（1986 年水戸地裁）も出され，以降は体罰を否定する判例傾向になっていった[6]。

3．青少年問題対策としての「カウンセリング」・「心の教育」

⑴　体罰の反省からカウンセリングへの転換

　1980 年代後半から非行・いじめ問題は一先ず収束して行き，それとともに管理教育・体罰問題も収束しつつあった。

　青少年問題が社会問題化し，モラルパニック状況にある中では問題行動を規制する即効性を求める「対処療法」となるため，問題行動の背景を丁寧に捉えつつ，すべての児童生徒の健全な発達に向けた対策（「問題の根治」）は問題が沈静化した時こそがチャンスともいわれる[7]。

　もっとも，1990 年代初頭には 1993 年山形県明倫中学校いじめマット死事件，1994 年愛知県西尾市東部中学校いじめ自殺事件が生じ，再びいじめが社会問題化し，学校の生徒指導のあり方が問われた。

3. 青少年問題対策としての「カウンセリング」・「心の教育」　*19*

これを受け，文部省は 1994 年 12 月に通知「いじめの問題について当面緊急に対応すべき点について」を出し，1980 年代のいじめ対策を引き継ぎつつ，翌年 12 月の通知「いじめの問題への取組の徹底等について」では，いじめを子どもの「心の問題」と捉え，スクールカウンセラーの配置等による教育相談体制の充実を打ち出した。

同時期の 1994 年 4 月に日本は 1989 年に国連が採択した子どもの権利条約を批准しつつ，いじめの発生構造についても調査・研究を進め，いじめは「被害者」，「加害者」の二者間だけで発生しているのではなく，いじめを面白がって煽る「観衆」といじめを見てみぬふりをする「傍観者」との四層構造で発生していることも明らかにされた。

また，いじめにストップをかける「仲裁者」層は学年が上がるにつれて「傍観者」層に転じる傾向もあり，いじめは「仲裁者」層を欠いた学級集団内での「関係性の病理」構造であることが指摘され[8]，いじめにストップをかける「仲裁者」層の育成が課題とされた。

このように，1990 年代半ばのいじめ対策としての生徒指導は，1980 年代の体罰も止む無しとする「力による行動規制」という観点から，スクールカウンセラーと連携したカウンセリングマインドに即した対策へと変化した。

(2)　心の教育論と少年法改正論の混在

しかし，1997 年には神戸児童連続殺傷事件に代表される重大な少年事件が浮上したことから，再び，「いじめ」から「非行」が社会問題化され，少年事件の背景として「心の闇」が焦点化され，カウンセリングとともに，非行を未然に予防するための「心の教育」の必要性が説かれた。

他方では，神戸児童連続殺傷事件の残虐さから，「少年の残虐性」が説かれて少年法のあり方についても問い直され，同事件と同じ年の 1997 年に少年犯罪被害当事者の会が結成され，翌年，法務大臣へ「少年法改正を求める要望書」を提出する等，犯罪被害者の自助グループ運動の声が社会にも届き始め[9]，救われるべきは「少年」ではなく「被害者」であるとの認識も拡大した。

20 第2章 青少年問題対策としての生徒指導の変遷

このように，1990年代後半はいじめ・非行等の青少年問題対策をめぐり，問題行動を未然に予防する上で「心の問題」にアプローチする必要性が共有され，スクールカウンセリングや道徳教育等での「心の教育」の強化が求められつつ，他方では，少年司法においては「被害者」の支援が立ち遅れていることが表面化し，重大な事件を起こす少年の取扱いを見直す動きとして，少年法改正論議が活発化していった。

4．少年法改正と「毅然とした生徒指導（ゼロ・トレランス）」の連動

⑴　少年司法と学校教育で連動する個人の責任追及

青少年問題をめぐり，1990年代後半は問題行動の背景にある「心の問題」にアプローチしていこうとする生徒指導論と問題行動の重さに応じた「罰」を求める少年法改正論が混在していたが，問題の原因を個人に求める部分で両者は共通していた。

2000年代に入ると，被害者支援の視点を主軸としながら，非行問題では少年司法の刑事司法化が進み，少年司法の動きを後追いするように，学校教育の生徒指導でも児童生徒の問題行動をめぐり，被害者の視点に立った「厳しさ」が求められ，「毅然とした生徒指導（ゼロ・トレランス）」が加速化していった。換言すれば，問題の原因を個人に求め，その責任を追及する青少年政策を展開する上で，少年司法と学校教育は「意図せざる協働」がなされていった。

具体的な動向を見た場合，非行問題では，2000年に刑事処分の対象年齢を16歳から14歳まで引き下げ，16歳以上の少年の重大事件を原則逆送とする，被害者に対して非行事実に関する記録を閲覧・複写することを認め，希望する場合は被害の心情を聴取すること等を含んだ，少年法の第一次改正がなされた。

その後，2003年に長崎市で12歳の少年が幼児を誘拐してビルから突き落とす事件が生じ，翌年には佐世保市で小学校6年の11歳の女児が同級生を

カッターナイフで殺傷する事件が生じたことから，触法少年の取扱いが議論され，2007 年には触法少年に対する警察の調査権限を拡大し，重大事件であれば触法少年（概ね12 歳以上）でも少年院送致を可能とする第二次改正がなされ，翌年には被害者の少年審判傍聴を可能とする第三次改正もなされ，少年司法においては非行事実を認定する司法的機能の強化が図られた。

　学校教育では 1990 年代後半の少年事件を受けて，非行の背景には「心の問題」があると見て，道徳教育の充実が求められ，2002 年には文部科学省が道徳教育の補助教材として『心のノート』を小中学校に配布し，「心の教育」と称して生徒個々の「心」を育てることが目指された。しかし，『心のノート』をめぐっては，スクールカウンセリング導入以降の心理主義とも相まって，問題を「個人の内面」に閉じ込めてしまい，「周囲との関係性」の中で問題が生じている側面を見えなくさせる課題も早くに指摘されていた[10]。

　その後，先述した長崎県内で触法少年の事件が立て続けに生じたことから，問題行動を未然に予防する教育のあり方も問い直され，少年法改正の動きも重なって，カウンセリングマインドよりも「厳しさ」を通じて規範意識を育む方向へと移行していく。

(2)　規範意識低下論と徳育・毅然とした生徒指導の強化

　文部科学省は少年事件の背景として「最近の子ども達の規範意識が低下している」との認識から，2005 年に「新・児童生徒の問題行動対策プロジェクト」を立ち上げ，翌年 8 月には国立教育政策研究所生徒指導研究センターとともに『生徒指導体制の在り方についての調査研究 規範意識の醸成を目指して』をまとめ，問題行動を起こす児童生徒に対しては「毅然とした生徒指導（ゼロ・トレランス）」で臨むことを示した。

　こうした矢先に，10 月には福岡県筑前町立三輪中学でいじめを苦にした自殺事件が生じ，文部科学省は通知「いじめの問題への取組の徹底について」を出し，いじめの定義を「当該児童生徒が，一定の人間関係のある者から，心理的・物理的な攻撃を受けたことにより，精神的な苦痛を感じているもの」

と変更し,「いじめか否かの判断は,いじめられた子どもの立場に立って行うよう徹底させる」と被害者の視点からのいじめ認識を強調した。

さらに,教育の主体を国民から国家・教育行政へと変更させるもの等,様々な批判が寄せられつつも,同年12月に教育基本法改正がなされた。教育法学領域では,同改正の最大の意図は「道徳教育を強化して国家の教育への浸透を図ることにあった」と指摘されるように[11],改正教育基本法では「豊かな情操と道徳心を培う」(2条)ために伝統文化の尊重や郷土愛が強調され,「学校は,公の性質を有するもの」(6条1項)であり,「教育を受ける者が,学校生活を営む上で必要な規律を重んずる」(6条2項)ことが示され[12],「法と道徳の峻別」の近代法原則から逸脱した形で徳育が強化された。

2007年2月の文部科学省通知「問題行動を起こす児童生徒に対する指導について」では,学校教育法35条に規定される出席停止の積極的活用を提案し,問題行動に対する効果的な出席停止が「日本版ゼロトレランス」であるとの見解も示された[13]。

ゼロ・トレランスの導入事例は教育委員会レベルで公立中学校へ導入する例も見られるが,主に高校に多く,各校で特色はあるものの,概ね共通している点は,学校側が細かな指導指針(禁止行為)を示し,それに応じて段階的指導を行っていく点である。

具体的には,遅刻,服装違反,喫煙,授業妨害,教員や周囲への暴力等の違反行為を点数化して加算し,違反点数に応じて指導レベルを段階的に強化していき,教員間で指導がぶれないよう二人一組で指導する等している(3章)。

これらの動きについては,あるべき教育像・規律を国家がトップダウンで落とし込む新自由主義国家理論の展開であるとの強い批判もあるが[14],ゼロ・トレランスはすべての学校で導入されたわけでなく,また,2007年7月に起きた兵庫県滝川高校いじめ自殺事件では,学校裏サイトを活用した所謂,「ネットいじめ」問題も露呈し,翌年7月の文部科学省通知「児童生徒が利用する携帯電話等をめぐる問題への取組の徹底について」ではネット上のいじ

め問題への取組として，情報モラル教育の充実等を打ち出した。

　また，児童福祉の現場を中心に所得格差等が子どもの育ちに影響を及ぼし，子ども達が育つ生活環境の根幹が揺らぎ始めている問題が「子どもの貧困」という用語で指摘され始め[15]，学校においても生徒の問題行動の背景を丁寧に捉えていく上で福祉専門職の配置が求められ，2008 年に文部科学省は「スクールソーシャルワーカー活用事業」を開始した。

　ただし，スクールソーシャルワーカー配置の進捗状況は自治体でかなりの開きがあり，総じて言えば，少年司法の厳罰化の動きが学校の生徒指導に連動した時期とされている[16]。

5．青少年問題をめぐる「教育福祉的支援」と「法的統制」の混在

⑴　問題行動の背景を読み解くチーム学校構想

　2000 年代の青少年問題対策では，少年司法においては被害者支援の立ち遅れとの対比から「罰の適正化」が要求され，非行に至る「過程」よりも「結果」に力点が置かれてきた。

　少年司法の動きは学校での問題行動をめぐる生徒指導にも影響を及ぼし，ごく稀な重大事件を一般化し，少年事件の背景には「最近の子ども達の規範意識の低下」があると見なされ，規範意識に富む「健全な生徒（大人の想定する子ども像）」を育成すべく，心の教育等の徳育が強化された。同時にこうした教育方針から逸脱した「不健全な生徒」に対しては，教育よりも出席停止等の罰を与えて規範・規律を教え込む「構え」を示してきた。

　他方では，スクールソーシャルワーカーの配置等，問題行動の背景を丁寧に読み解き，子どもや家庭の抱えるニーズに応じた支援を求める動きも見られ，この動きは 2010 年代に入ると「チームとしての学校」構想として発展していく。

　スクールソーシャルワーカーの具体的業務としては，問題行動の発生背景

を生徒個人への面談や家庭訪問等を行って見立て（アセスメント），その内容に応じて効果的な支援計画を立てていくことが期待され（プランニング），これらを検討する場として，学校関係者，クライエント（生徒，保護者）等を招集したケース会議（カンファレンス）をコーディネートすることが求められ，こうした視点は2010年に策定された文部科学省『生徒指導提要』でも反映された[17]。

さらに，2013年6月の子どもの貧困対策推進法の成立と相まって，複雑な家庭環境等で育つ子どもの成長発達を学校のみで支える困難性も自覚され，文部科学省は2014年9月に「チームとしての学校・教職員の在り方に関する作業部会」を組織し，翌年12月に「チームとしての学校」がまとめられ，スクールカウンセラー，スクールソーシャルワーカー等の多職種との連携体制を図りながら，多忙化する教員の業務の見直しがなされた[18]。

その後，2017年1月の教育相談等に関する調査研究協力者会議編『児童生徒の教育相談の充実について―学校の教育力を高める組織的な教育体制づくり』では，スクールカウンセラー，スクールソーシャルワーカーの活用とそれを支える学校体制づくりの強化が再度求められ，同年4月の学校教育法施行規則でスクールカウンセラー，スクールソーシャルワーカーの職務が規定されるに至り，学校スタッフとして両職種が明確に位置づけられ，教育相談の充実が示されるに至った。

(2) 徳育・毅然とした生徒指導の強化論を継承する立法

チーム学校構想は，従来の生徒指導・教育相談体制を見直し，心理職，福祉職との連携体制を強化しながら，問題行動の背景と児童生徒の発達ニーズを読み解き，支援計画を立てていくことを目指す「教育福祉的支援」を進める動きであるが，問題行動に関係する法律の方向性は2000年代の徳育強化論・毅然とした生徒指導論を継承し，「法的統制」を進めている。

2010年代は，複数生徒から自殺の練習を強いられる等，周囲がいじめに気づきながらも学校側が早期にいじめへ対応しなかったことが問題となった2011年の大津市中学2年生いじめ自殺事件に続き，翌年12月にはバスケッ

5. 青少年問題をめぐる「教育福祉的支援」と「法的統制」の混在　*25*

トボール部生徒が顧問の教員から体罰を受けた後，自殺した大阪市立桜宮高校体罰事件が生じ，学校内での「いじめ」・「体罰」が再び社会問題化し，文部科学省は対策に追われた。

　上述したように，1990 年代以降は判例上，体罰は明確に否定され，例えば，東久留米市立中央中学校での体罰問題において出された判決では（1996 年東京地裁），「教師による，体罰は生徒・児童に恐怖心を与え，現に存在する問題を潜在化させて解決を困難にするとともに，これによって，わが国の将来を担うべき生徒・児童に対し，暴力によって問題解決を図ろうとする気質を植え付けることとなる」と警告していた[19]。

　しかし，2010 年代初頭に「いじめ」・「体罰」が再び顕在化したのは，暴力を否定する学校文化が十分に根付いていないことを現すものであった。

　これを受け，2013 年 3 月の文部科学省通知「体罰の禁止及び児童生徒理解に基づく指導の徹底について」では，体罰が「児童生徒に力による解決への志向を助長させ，いじめや暴力行為などの連鎖を生む」ことを警告し，「体罰を厳しい指導として正当化することは誤り」との認識を持ち，「望ましい人間関係の構築に留意」するよう求めた。

　いじめ対策においては，従来の文部科学省通知による対応を見直し，同年 6 月にいじめ防止対策推進法を制定し，いじめを「いじめを受けた児童等の教育を受ける権利を侵害」するものと捉えて，その総合的対策の推進を求めた（1 条）。

　いじめの定義については，「『いじめ』とは，児童等に対して，当該児童等が在籍する学校に在籍している等当該児童等と一定の人的関係にある他の児童等が行う心理的又は物理的な影響を与える行為（インターネットを通じて行われるものを含む。）であって，当該行為の対象となった児童等が心身の苦痛を感じているものをいう」とし（2 条），被害生徒の心身の苦痛を基準として，いじめを認識するよう求めている。

　いじめ問題への具体的対策としては，いじめの未然予防として規範意識を高める道徳教育を展開しつつ（15 条），「いじめ問題対策連絡協議会」において

26　第2章　青少年問題対策としての生徒指導の変遷

学校と警察等との連携網を強化し（14条），いじめを起した生徒への事後対応としては，教育上，必要な場合は校長や教育委員会が出席停止等を行うこととした（25，26条）。

このように，いじめ防止対策推進法では，被害者の視点に立っていじめを認識しつつ，その具体的対策は2000年代の徳育強化論・毅然とした生徒指導論を継承した構造となっているため，同法ではいじめ問題が浮上した背景を理解し，加害生徒も含めた成長発達を支援していく視点が弱いことが早くに指摘されてきた[20]。

また，いじめ防止対策推進法が制定されても，翌年1月には山形県天童市で中学1年生の女子生徒がいじめを苦にして山形新幹線へ飛び込む事件が生じ，いじめ対策の強度を上げてもいじめが生じることを露呈させた。なお，このケースでは当初，学校側がいじめを否認していたものの，その後，女子生徒のノートにいじめの記述が残されていたこと，学校側が実施したいじめのアンケート調査の開示を遺族が求めるも学校側が拒否する等，中立な第三者委員をいかに選任し，いじめ調査を進めるかも課題として浮上させた。

「法的統制」の強度を上げた後に重大事件が生じたのは少年司法でも同様であり，2014年には少年に対する刑期の上限をそれまでの15年から20年に引き上げ，少年審判で非行事実に争いがある場合は，窃盗等の軽微な事件でも少年に国選付添人をつけた上で検察官を関与させる少年法第四次改正がなされたが，その直後に冒頭で示した佐世保事件（2014），名古屋事件（2014）が生じ，後に川崎事件（2015），東松山事件（2016）も生じた。

佐世保，名古屋事件を起こした女子少年は，学校在学中に知人に薬品を飲ませて観察する「試し行動」が見られ，川崎，東松山事件では学校からドロップアウトした少年達による事件であり，いずれの事件でも，学校が問題行動を起こす生徒にいかにかかわるかを問いかける事件であったことも指摘されている[21]。

本来，こうした事件からの教訓を活かし，チーム学校構想等を進め，青少年問題の教育福祉的理解を深めていく方向性が理に適っているが，少年法を

めぐっては，2015年の公職選挙法改正に伴った選挙権年齢の引き下げと併せ，成年年齢を「わかりやすく」統一するため，その対象年齢を20歳未満から18歳未満に引き下げる第五次改正が議論されており，名古屋事件や川崎事件は年長少年に対する刑事責任を求める事例として言及されている側面もある（10章）。

6．「関係性の病理」として青少年問題を捉え直す修復的実践

⑴　青少年問題を捉える視点の変化

　1980年代以降，非行，いじめ等の青少年問題は何度も社会問題化し，その都度，対策が練られ，少年司法では加害者と被害者という二項対立構造の下，被害者が司法手続きに関与することを進めつつ，加害者に厳罰を科すことで均衡を図る道を辿りつつある。

　学校教育では，問題行動の未然予防策として，個々人の「規範意識」を高めるべく道徳教育に力点を置きつつ，問題行動をめぐる生徒指導においては，被害者の視点に立ち，「毅然とした生徒指導（ゼロ・トレランス）」で臨む方向が形成されてきた。

　少年司法の厳罰化の動きと連動した学校での「毅然とした生徒指導（ゼロ・トレランス）」は，1990年代のカウンセリングマインドに即した生徒指導からの転換のように見える。

　実際，ゼロ・トレランスを学校を建て直す「魔法の杖」と絶賛し，その導入を説いた加藤十八は，カウンセリングマインドに即した観念的な生徒指導論（見せかけの指導論）では，具体的な対応が見えにくく，問題対応を遅らせるため，細かい規則を設けたわかりやすい段階的指導（実効的指導論）としてゼロ・トレランスへの転換を力説していた[22]。

　こうした主張は2000年代半ば以降の生徒指導論に導入されたものの，問題行動の原因を個人に求める視点については，「心の問題」として問題行動を捉える傾向にあったカウンセリングマインドの生徒指導論と同質であった。

28 第2章 青少年問題対策としての生徒指導の変遷

つまり，問題行動を「個人の問題」として見立てたカウンセリングマインドの伏線の上に，問題行動の自己責任を取らせる生徒指導としてゼロ・トレランスが重なり，「関係性の病理」としての青少年問題の背景を見え難くしていったのではないだろうか。

もっとも，1990年代前半のいじめの四層構造論では，いじめが生じた学級環境自体を見直し，いじめ仲裁者層となる生徒を育成する視点が提起され，また，子どもの権利条約批准との関連で被害生徒も加害生徒も誰もが安心して学んでいく権利の保障も目指され，「関係性」を組み替えていく生徒指導の視点は芽生えていた。

しかし，スクールカウンセラーの配置や「心の教育」論は，皮肉にもいじめや非行問題を「関係性の病理」というよりも個々人の「心の病理」として認識させ，教員も「心の問題」はスクールカウンセラーに委ねる傾向を生み出し[23]，2000年代以降の少年司法改革の特徴の一つとしても，非行を「社会病理」と捉える視点の退行が挙げられている[24]。

このような動きを新自由主義政策の具現化として評価するのかは別としても，青少年問題対策ではあるべき教育像・規律が求められ，そこから逸脱して問題行動を起こした子ども個人に対しては被害者支援の視点も重なって厳しい「責任」が求められてきたといえる。

⑵　青少年問題の実態に即した修復的実践

2000年代初頭は少年司法領域において修復的司法が注目されたが，少年の更生の道具として被害者が利用されるのではないか等，被害者団体からの批判もあり，その実践は足踏み状態である（1章）。

もっとも，高橋則夫が指摘するように，国家対加害者という二者関係の刑事司法の枠組みの中で被害者参加を位置づける被害者関係的刑事司法は進展し[25]，この動きはいじめ防止対策推進法にも派生しているものの，被害者，加害者，コミュニティの3者の関係を回復していく修復的司法の実践には至っていない。

6．「関係性の病理」として青少年問題を捉え直す修復的実践　*29*

　しかし，いじめ防止対策推進法をめぐっては，上述のように加害生徒への支援の視点が弱い課題が指摘され，「関係性の病理」としての青少年問題を捉え直す必要性も説かれている。また，青少年問題をめぐる「法的統制」の動きと混在する形で，チーム学校構想においては，スクールカウンセラーやスクールソーシャルワーカー等と連携しながら，問題行動の背景をアセスメントした上で「教育福祉的支援」を行っていくことも求められている。

　これらの主張や動きに回答する一つの試みとして，学校における修復的実践が位置づけられる。修復的実践は修復的司法の原理を応用し，学校内で生じた対立を対話を通じて解決していくことを目指す教育の総称であり，ペンシルベニアに本部を置く「修復的実践のための国際組織（International Institute for Restorative Practices）」で実践スキルの研修と各国の実践報告の共有がなされている（5章）。

　近年では，問題が生じてから対話を行うのではなく，日常の教育活動から互いに「対話する関係性」を育み（whole school approach），こうした「関係性」の下に問題が生じた際でも，対話を通じて問題を解決していく連続的な実践構造として認識されている[26]。

　修復的実践のポイントは，修復的司法の原理に即して，暴力関係を否定し，学校で共に生活するメンバーそれぞれを尊敬（respect）する価値観を学級活動で育み，「問題・対立」を単なる規則違反と捉えるのではなく，共に生活する者への「関係性の侵害・害悪（harm）」と捉え[27]，いじめや校内暴力等の対立が生じた際には，学校職員間で問題の背景を確認しながら，問題に関係する生徒の「参加」と「対話」を通じて，「対立が生じた関係性」を編み直していく点である。そして，こうした経験の積み重ねにより，個々を尊重しながら，社会的包摂（social inclusion）の価値観を習得させ，「市民性（citizenship）」を育むことが修復的実践の教育目的として位置づけられている（4章）。

　これらの実践を段階的に進めていく上では，専門職間の役割分担もなされており，日常の学級活動でトーキングピースの手法等を活用しながら，修復的な価値と相互に対話する関係性を育んでいくことを担うのが教員であり，

30　第2章　青少年問題対策としての生徒指導の変遷

実際に学級で生じた対立を扱う場合は，生徒個々の発達上のニーズや家族関係の問題等の把握が必要なケースもあり，こうしたケースではスクールカウンセラーやスクールソーシャルワーカー等が活用される。

　以上，修復的実践ではゼロ・トレランスのように，問題行動を規律違反として統制対象と認識するのではなく，「財産としての紛争（Conflicts as Property）」（N. クリスティ）との認識の下[28]，問題行動を克服していく過程自体に個人と集団の成長発達の契機を見出し，教員と関連職種が連携しながら問題の解決過程自体が教育である点を強調するものである。

　当然，修復的実践は万能ではなく，いかに修復的実践を進めるスキルを習得するのか，あるいはスクールカースト等，「友人関係」が重苦しく，暴力系のいじめよりもコミュニケーション操作系のいじめが多くを占める日本の学校文化においては，むしろ，「コミュニケーション」や「関係性」という言葉から離れた対策が必要ではないか等の疑問の声もある[29]。

　しかし，少なくとも，青少年問題を「関係性の病理」として捉え直し，多職種と連携して問題行動の背景を探りながら，生徒と共に問題を克服していく修復的実践の構造は研究，実践の上でも求められてきた要素が含みこまれたものであり，青少年問題の実態に即した現代的に要請されるものといえるだろう。

---

[1]　森田宗一・兼頭吉市・赤羽忠之・出口治男・澤登俊雄「座談会　少年法35年と家庭裁判所」『法学セミナー増刊　少年非行』日本評論社，1984，pp. 108-110。

[2]　徳岡秀雄『社会病理を考える』世界思想社，1997，pp. 126-147。

[3]　安藤博「『非行』・『体罰』と少年の人権」前掲『法学セミナー増刊　少年非行』所収，pp. 146-148，河内祥子「社会の変化による体罰の捉え方」坂田仰編『法律・判例で考える生徒指導―いじめ，体罰から出会い系サイト，児童虐待まで』学事出版，2004，p. 22。

[4]　宇治芳雄『虚構の教育』汐文社，1982，p. 179，今橋盛勝『教育法と法社会学』三省堂，1983，pp. 106-108，座談会「ブロード・ザ・管理―新設高校問題」『かんかん』1号，1984，p. 121 等を参照。

[5]　NKH 取材班・今橋盛勝『NKH おはようジャーナル　体罰』日本放送出版協会，1986，

pp. 204-206。

[6] 河内・前掲，pp. 28-32。

[7] 徳岡・前掲，pp. 172-173。

[8] 森田洋司・清永賢二『新訂版 いじめ―教室の病い』金子書房，1994，pp. 161-162。

[9] 黒沼克史『少年にわが子を殺された親たち』草思社，1998，pp. 277-287 を参照。少年犯罪被害当事者の会編『話を聞いてください―少年犯罪被害当事者手記集』サンマーク出版，2002 も参照。

[10] 小沢牧子「『心の教育』『心のノート』を解読する」同・長谷川孝編『『心のノート』を読み解く』かもがわ出版，2003，pp. 49-54。

[11] 戸波洋二「Ⅰ 国の立法 ①憲法・教育基本法」姉崎洋一・荒牧重人・小川正人他編『ガイドブック教育法』三省堂，2009，pp. 38-39。

[12] 嶋崎政男は「教育を受ける者が，学校生活を営む上で必要な規律を重んずる」ことを明記した改正教育基本法の流れは，ゼロ・トレランスの目指す方向性を明確に示していると述べ，ゼロ・トレランスの推進を説いている（嶋崎政男『生徒指導の新しい視座―ゼロトレランスで学校は何をすべきか』ぎょうせい，2008，p. 17）。

[13] 金山健一「日本版ゼロトレランスでは『出席停止』の効果的な活用を」『月刊学校教育相談』2006 年 11 月号。

[14] 世取山洋介「ゼロ・トレランスに基づく学校懲戒の変容の教育法的検討」『日本教育法学会年報』45 号，2016，pp. 108-112。世取山も嶋崎政男と同様に，改正教育基本法 6 条「教育を受ける者が，学校生活を営む上で必要な規律を重んずる」の規定はゼロ・トレランスの具体化として捉えるが，嶋崎とは対照的に子どもの人格変容への働きかけを後退させる動きとして批判している。

[15] 子どもの貧困を扱った文献は数多いが，この時期のものとして，浅井春夫・松本伊智朗・湯浅直美編『子どもの貧困―子ども時代のしあわせ平等のために』明石書店，2008，阿部彩『子どもの貧困―日本の不公平を考える』岩波書店，2008 を参照。

[16] 荒牧重人・喜多明人・森田明美・佐々木光明「座談会 子どもの権利条約の 20 年を語る」『季刊教育法』183 号，2014，pp. 17-19。

[17] 岡本泰弘「『スクールソーシャルワーカー活用事業』について」『月刊生徒指導』2008 年 8 月号，p. 7，野田正人「『生徒指導提要』とスクールソーシャルワーク」山野則子・野田正人・半羽利美佳編『よくわかるスクールソーシャルワーク』ミネルヴァ書房，2012，pp. 54-55 等を参照。

[18] 小川正人「子どもの貧困対策と『チーム学校』構想をめぐって―教育行政学の立場から」スクールソーシャルワーク評価支援研究所編『すべての子どもたちを包括する支援システム―エビデンスに基づく実践推進自治体報告と学際的視点から考える』せせらぎ出版，2016，pp. 30-37。

[19] 河内・前掲，pp. 30-31。

32　第2章　青少年問題対策としての生徒指導の変遷

[20]　子どもの権利条約総合研究所・いじめ問題検討チーム「いじめ防止対策推進法の制定と実施上の課題」『子どもの権利研究』23号，2013，pp. 6-7，野田正人「いじめ対策法と基本方針の枠の下で」『季刊教育法』No. 182，2014，pp. 26-30。

[21]　竹原幸太『失敗してもいいんだよ―子ども文化と少年司法』本の泉社，2017，pp. 10-24。

[22]　加藤十八『アメリカの事例から学ぶ学校再生の決めて―ゼロトレランスが学校を建て直した』学事出版，2000，pp. 57-71，同編『ゼロトレランス―規範意識をどう育てるか』学事出版，2006，pp. 14-19を参照。

[23]　例えば，土井隆義『＜非行少年＞の消滅―個性神話と少年犯罪』信山社，2003，pp. 305-306，折出健二『市民社会の教育―関係性と方法』創風社，2003，pp. 75-77，尾木直樹・増山均・田沼朗「尾木ママからのメッセージ　いじめのない人間関係と自尊心を育てるために」日本子どもを守る会編『子ども白書2013』本の泉社，2013，p. 16等を参照。

[24]　武内謙治「少年司法改革と非行理解・少年司法の社会性」『犯罪社会学研究』No. 40，2015，pp. 68-71。

[25]　高橋則夫『対話による犯罪解決―修復的司法の展開』成文堂，2007，pp. 1-2。

[26]　T. ワクテル（山本英政訳）『リアルジャスティス―修復的司法の挑戦』成文堂，2005，pp. 150-154。

[27]　高橋則夫『修復的司法の探求』成文堂，2003，p. 73。

[28]　Christie, N., 'Conflicts as Property', British Journal of Criminology, Vol. 17. No. 1, 1977. 翻訳紹介として，クリスティ（平松毅・寺澤比奈子訳）「社会の共有財産としての紛争」『法と政治』（関西学院大学）54巻4号，2003を参照。

[29]　この点は，2017年の第44回日本犯罪社会学会シンポジウム「学校は逸脱・非行にどうかかわるか」（岡邊健・野田正人・大多和直樹・鈴木翔・竹原幸太・原田豊）での，大多和報告「現代の生徒文化と逸脱―数量的データからのケーススタディ」，鈴木報告「学校の集団内規範といじめ」とかかわって議論された。それぞれの報告要旨は，『犯罪社会学会第44回大会報告要旨集』2017を参照。

第3章　日本におけるゼロ・トレランス受容の問題点と修復的実践への転換

1．はじめに

　2000年代初頭から半ばにかけては少年法改正の議論と並行として，非行の未然予防を図る学校教育のあり方にも関心が示され，教育基本法改正の議論等でも道徳教育の強化が叫ばれた。そして，問題行動を起こした生徒に対しては厳しく対応することで責任を自覚させる方向も検討され，「毅然とした生徒指導」として「ゼロ・トレランス（Zero tolerance）」方式が注目されてきた。

　ゼロ・トレランスとは，元々は工場の製品製造過程において不良品を徹底的に取り除く産業界の理念であり，アメリカでは1970年代後半の「正当な応報（Just deserts）」論に基づく厳罰政策（get-tough strategy）が進展する中で[1]，ゼロ・トレランスを街頭の治安対策に導入し，小さな犯罪も見逃さず，徹底的に取り締まる「割れ窓理論（Broken windows theory）」に基づいた刑事政策の理念として広まった。

　学校教育においても銃乱射事件等の重大事件を未然に予防することを目的として，1994年連邦ガン・フリー学校法（Gun-Free School Act）でゼロ・トレランスを導入し，学校に銃を持ち込んだ生徒に対しては1年以上の停学とすることとした。

　その後，同法の改正で授業妨害等の軽微な行為にも適用を拡大し，規則に違反した生徒に対しては，理由を問わず容赦なく停学や退学処分を下し，オルタナティブスクールで矯正教育指導を命じることとした[2]。

　もっとも，理由を問わず，容赦なく厳しく対応する問題も大きく，例えば，学校側から不良と目をつけられていた10歳の少女が，昼食時に持参したス

テーキナイフを使って食材を切り分けたことが校則違反と判断され，警察に
逮捕される極端な事例も生じる等，各州の学校で停学・退学者が倍増した。
この結果，学校の「規律」から逸脱した生徒は学校から追い出され，退学し
た後に街頭で非行を起こし，司法手続きに回った場合，厳しい処分を受ける
「学校から刑務所へのパイプライン（School-to-Prison Pipeline）」現象も問題化し
た[3]。

　しかし，日本においては，非行の未然予防としての規範意識の醸成論が徳
目を教え込む品性教育型の道徳教育の強化論と結びつき，欧米とはやや異な
る形でゼロ・トレランスが受容されてきた。とりわけ，2000年代初頭から半
ばにかけては，既に欧米諸国でゼロ・トレランスへの批判が浮上して代替的
指導が模索されていたのにもかかわらず[4]，それらの状況が紹介されること
なく，ゼロ・トレランスが偏った形で紹介された点が注目される。

　そこで，本章では日本におけるゼロ・トレランスの紹介と受容過程を概観
しながら，その問題点について指摘し，ゼロ・トレランスに代わる生徒指導
の一つとして修復的実践（Restorative Practices）の動向を紹介し，問題解決過
程における生徒参加の観点から，学校教育で修復的実践を活用する意義と課
題について論じていく。

2．「毅然とした生徒指導（ゼロ・トレランス）」の受容過程と実践事例

⑴　ゼロ・トレランスの紹介と文部科学省の提言

　日本においてゼロ・トレランス方式の生徒指導が紹介され始めたのは2000
年前後であり，アメリカの実践事例を通じて学校を建て直す「魔法の杖」と
して好意的に紹介しているのが加藤十八である[5]。

　日本では，2000年に少年法を改正して非行対策に磨きをかけていたもの
の，2003年に長崎市で12歳の中学校1年生の少年がショッピングセンター
で幼児を誘拐してビルから浮き落とす事件が，翌年には佐世保市で小学校6

年生の女児が同級生をカッターナイフで殺傷する事件が生じたことから，子ども達全般の規範意識の低下が叫ばれ始めた。

そこで，文部科学省は2005年「新・児童生徒の問題行動対策重点プログラム（中間まとめ）」において，規範意識を向上させるためには，良い事と悪い事を具体的に示す生徒指導が必要と考え，アメリカで実施されていた「ゼロ・トレランス（毅然とした生徒指導）方式」に学ぶことが提言された。

その内容は2006年に国立教育政策研究所生徒指導研究センターとの共同報告書『生徒指導体制の在り方についての調査研究報告書—規範意識の醸成を目指して』に継承され，日本では，問題行動の根幹には子どもの規範意識の低下があるため，校長のリーダーシップの下，規律的指導を確立すべく「毅然とした態度」で教師間の生徒指導のぶれをなくす粘り強い指導理念として紹介され（同報告書. pp.7-16），メジャーな用語となった。

具体的には細かい規則を設け，それに応じて段階的な指導（プログレッシブディシプリン）を施すことを目指すものであり，2007年2月の文科省通知「問題行動を起こす児童生徒に対する指導について」では，学校教育法35条の出席停止規定の運用実績が少なかったことを受け，いじめ問題への対応としていじめ加害者への出席停止の有効活用が示され，これがゼロ・トレランスの具体化と見なされるようになった。

(2)　ゼロ・トレランスの導入事例

校内暴力，いじめといっても，銃や薬物使用に伴う問題行動も少なくない欧米諸国のケースと日本のケースとでは状況がだいぶ異なっており，日本では主に服装検査等でゼロ・トレランスが参照されてきた。

ゼロ・トレランスの導入事例は教育委員会レベルで公立中学校へ導入する例（大阪, 広島県福山市等）も見られるが，主に高校（岡山, 静岡, 新潟等）に多く，各校で特色はあるものの，概ね共通している点は，学校側が細かな指導指針（禁止行為）を示し，それに応じて段階的指導を行っていく点である。

ゼロ・トレランスの代表的事例として挙げられているのは岡山学芸館高校

36　第3章　日本におけるゼロ・トレランス受容の問題点と修復的実践への転換

であり，ゼロ・トレランス紹介直後の 2001 年に導入した。同校では，66 項目の指導指針（禁止行為）とそれに伴う 5 段階の対応を明記するとともに，オルタナティブスクールに当たる相談室「ほっとルーム」を設置し，カウンセリング指導を充実させて退学防止にも配慮するアメリカに近い形のゼロ・トレランスを整備し，総じて規範意識の向上と退学者数の減少に効果があったと報告されている[6]。

　その他の事例としては，2005 年より導入した静岡県立御殿場高校があり，同校では二人一組の教師が校門の前で生徒の服装検査を実施し，違反者にはチェックカードを切り，カードの枚数で段階的指導を行い（8 枚で 2 日の謹慎），服装違反や遅刻の減少に効果があったとされている。

　一方，2003 年より遅刻，喫煙，暴言等の問題行動に対して違反点数制の段階的指導を導入した鹿児島県立牧園高校では，違反点数 10 点で退学にすることとしたが，最後の 1 点が遅刻でもルールを機械的に適用するか否かで賛否がわかれ，謹慎中の過ごし方等を細かく決め，罰則よりも立ち直りを支援する指導へ転換したとされている[7]。

　このように，ゼロ・トレランス指導は若干の幅を持って実践され，「出席停止」の効果的活用へと導く「日本版ゼロトレランス」を提起する見解や，ゼロ・トレランスは不寛容ではなく，児童生徒を「とことん」面倒を見る「見捨てない・見逃さない」指導体制とする見解，あるいは，寛容さに満ち溢れた指導法（ゼロトレランスとは，トレランスである）とする見解も浮上した[8]。

　しかし，2000 年代後半に入ると，教育委員会レベルでゼロ・トレランスに基づく生徒指導を導入した自治体の事例から，学校側が一方的に「問題生徒」と認定し，学習権を侵害するものと批判的な見解も浮上した。

　例えば，2009 年からゼロ・トレランスに基づく生徒指導を教育委員会レベルで導入した広島県福山市の市立中学校では，問題行動を起こした生徒については，一定期間，通常の教室とは異なるベニヤで仕切られた別室での指導となり，その間，他の生徒との交流や部活動への参加等が禁止されている。

　こうした事例でより深刻なことは，学校からいじめを疑われた生徒に対し

て，学校側は生徒の言い分を聞くことなく，一方的に別室指導を命じ，その間は別室で漢字の書き取り等，通常の学習内容とは異なる内容がなされている点である。

小野方資による当該生徒へのインタビュー調査では，いじめを否認しても学校側に聴いてもらえず，別室指導が解除された後，学習に遅れが生じていたことも重なり，不登校となったことが明らかにされている。その上で，ゼロ・トレランスに基づく生徒指導においては，子どもの権利条約に示される意見表明権を侵害するばかりでなく，「何を言っても聴き入れてもらえない」とのあきらめ感を生み出し，結果として子どもの学習権を侵害するものとの見解が示されている[9]。

以上のように，2000年代半ばには，具体的事例に基づきゼロ・トレランスを評価する立場からは，規律とカウンセリングケアを組み合わせた指導とする見解，出席停止の効果的活用を導く指導とする見解が示されたものの[10]，2000年代後半にはアメリカと同様に生徒を「排除」し，学習権を侵害する見解も示された。

3．ゼロ・トレランスをめぐる肯定的評価の再検討

(1)　ゼロ・トレランス推進の背後仮説としての「教育再生」論

ゼロ・トレランスを絶賛する加藤十八は，アメリカの1970年代の教育政策において，ハーバード大学の道徳教育センター所長としてコールバーグ（L. Kohlberg）が進めた認知的発達理論に基づくモラルジレンマ等の実践を観念論の失敗として批判し，1980年代のレーガン政権下で合衆国教育長官を務めたベネット（W. Bennett）が提唱した「人格教育（Characters education，品性教育とも訳される）」のように教えるべき徳目を明確にして，教師がその道徳価値を生徒に教え込む教育方法に賛同している。

その上で，日本の戦後教育のあり方を見直し，「指導主体大人―指導客体子ども」の図式となるゼロ・トレランスに基づく生徒指導の導入とともに，戦

前の修身教育に学び直すことを主張している[11]。

　加藤の研究を見た場合，アメリカでは教師が一方的に価値を教え込む教育方法が主流であるような印象を与えているが，同じく 1990 年代のアメリカの学校教育について紹介する田中克佳によれば，実際はソーシャルスキルを高める一貫として人格教育が取り組まれ，徳目やモラルの向上といった精神論よりも実践的で技術的な道徳教育が展開されている[12]。

　また，当然のことながら，科学的根拠に伴う政策を標榜するアメリカではゼロ・トレランスへの批判も浮上しているが，加藤の研究ではそのいずれにも触れておらず[13]，無条件にゼロ・トレランスを賛美している点には疑問が残る。

　この点については，加藤が往年の愛知の管理教育の系譜に立ち，「日本教育再生機構」の代表委員として規律訓練型の生徒指導の復権の文脈でゼロ・トレランスを主張している問題も指摘されており[14]，加藤のゼロ・トレランス推進の背後仮説を捉える上では，1970〜80 年代に議論を呼んだ愛知県立東郷高校を主軸とする＜東郷方式＞による管理教育を推進してきたキャリアとの関連で捉える必要がある。

　中央教育審議会答申「後期中等教育の拡充整備について」（1966 年）に即したモデル校として 1968 年に設立された東郷高校では，生徒管理―教職員管理―労務管理を一体化した方針の下，厳しい服装，持ち物検査等を実施し，集団に従順な人間を作り上げる管理教育が徹底された[15]。

　加藤はこうした＜東郷方式＞を作り上げてきた一人であり，今日，「教育再生」論の具体化の一方策としてゼロ・トレランスを推進していることを踏まえた場合[16]，ゼロ・トレランスという外来語のオブラートに包み，以前の管理教育の復権を求めているように見える。

⑵ 「学校から刑務所へのパイプライン」現象への批判

　教育法学の観点からゼロ・トレランスを「学校の警察化（Policing of school）」をもたらす厳罰主義として批判し，代替する生徒指導として修復的司法の活

用も含んだ「衝突解決教育（conflict resolution）」を紹介しているのが船木正文である[17]。

　船木の研究でもアメリカの生徒指導の動向に注目するがその見解は加藤とは対照的であり，1994 年連邦ガン・フリー学校法で義務付けられたゼロ・トレランスの導入は学校内に監視カメラを導入し，警察を配置させて結果として「学校の警察化」を招いたとする。

　しかも，学校内の問題行動は警察や検察への照会が義務付けられているため，配置されている警察官は学校長よりも警察署，保安署の上司の権限によって行動し，総じて学校側の管理権は失われ，学校は生徒の問題行動の法執行機関（刑罰化）の一躍を担う状況にあることを指摘している[18]。そして，これらの結果，2012 年にはアメリカの全学校で年間 330 万人の停学処分，10 万人以上の退学処分まで上昇し，学校から追い出された少年が街頭で非行を起こし，少年刑務所へ入所していく「学校から刑務所へのパイプライン」現象が浮上した。

　2000 年代半ばになるとアメリカ心理学会等の諸団体からは，ゼロ・トレランスは規則に対して容赦なく厳しい対応を示すもので，生徒と教師の間に不信感を抱かせ，両者の成長を奪うばかりでなく，その運用においては特定の人種の生徒や障害児に対して厳しい処分を下す傾向にある問題も指摘された[19]。

　そこで，1994 年の導入から 20 年を経た 2014 年 1 月，政府はゼロ・トレランスを見直す方針を打ち出し，連邦教育省（U. S. Department of Education）が策定した『基本原則—学校の環境と規律を改善するための資料ガイド（Guiding Principles : A Resource Guide for Improving School Climate and Discipline）』では，生徒指導の主体を学校側に取り戻しつつ，停学・退学率の減少や学力向上等の効果を上げている修復的司法に学ぶことが奨励された（同報告書，p. 12）[20]。

　しかしながら，2000 年代半ばに日本でゼロ・トレランスが紹介，導入されていく受容過程において，アメリカ国内でゼロ・トレランスへの批判が浮上している動向は注目されず，肯定的見解に依拠して実践化されていった側面

は否めない。

　また，2000年代初頭のゼロ・トレランスの紹介においては，アメリカ国内でもゼロ・トレランスへの批判的調査結果が少ない時期ではあったが，加藤はその後も批判的調査結果に触れず，引き続きゼロ・トレランスを推進し，近時は「鬼教師が日本を救う」とさらに語気を強め，教育再生論を力説しているのは客観性を欠く印象を与えている[21]。

　こうした極端なゼロ・トレランス推進の立場は別として，上述のように日本の教育文脈に応じてアレンジが加えられ，具体的実行力のある「わかりやすい生徒指導」として評価するにしても[22]，処分を決定する手続き過程において生徒の意見を聴く機会（デュー・プロセス）を保障しなければ，広島県福山市の事例のように，運用次第では特定生徒への恣意的な処分（セレクティブ・サンクション）による学習権の侵害をもたらし得ることを再度検討する必要がある。

4．修復的実践への転換と実践事例

⑴　修復的実践の構造と期待される教育効果

　船木正文が指摘するように，欧米諸国では多様な文化的価値観の違いから生じる争いが問題となり，平和的に衝突解決するための教育プログラムが実践されている。

　内容は様々であるが共通しているのは，集団による問題解決，仲裁・調停（ピア・メディエーション），対人関係の形成等に関する知識やスキルを学び，実践することで学校コミュニティを創りあげていく点である[23]。つまり，問題行動が生じる前に紛争解決のスキルを学び，実際の問題に応用していく教育プログラムが展開されており，法教育で紹介されたティーンコート（子ども同士の生徒法廷で問題解決を図る実践）もそれに当たる[24]。

　衝突解決教育プログラムの一つとなる修復的実践も当初は生徒間のトラブルが生じた場合の指導として取り組まれたが，オーストラリア，イギリス，

アメリカ等の各国で実践が進んでいく中で，徐々に実践範囲が広がっていき，現在では問題行動が生じる以前の未然予防も射程とした連続的な指導方法として認識されている。

このように，学校における修復的実践は修復的司法の原理・価値を学ぶことを基礎として，その先に具体的な問題行動においても対話を試みる形となっており，各段階の取り組みが連続的に連なって実践されている（4章）。

また，修復的実践を担う学校スタッフは対話を進めるスキル研修を受けて実践することが奨励されており，いじめや校内暴力等のケースにおいて修復的対話を進めていく場合，当然ながら，被害児童，加害児童のニーズを事前に聴き取る事前準備が入念になされ，対話を行った後もいつでも対話を中止することができることを伝えて対話が実践される。

問題行動ケースにおいては，研修を受けた学校スタッフがファシリテーター（学校によっては，メディエーター，サークルキーパー等とも呼称される）として関与し，被害者，加害者，問題に関与する人物（コミュニティ）の対話を促しながら問題の根本を探り，対話参加者の共鳴と関係性を強化しながら問題解決に向けた計画を立てていく。

参加は自発性・任意性に基づき，対話に参加する者は互いに敬意を持って扱われる，一人一人が平等に発言力を持つ，対話は安全な環境の下で実施されること等が基本的ルールとなり，ファシリテーターから「修復的な問いかけ」（問題行動で何が起こったのか，なぜ自分が狙われたのか，問題行動を起こしている時にどのように思っていたのか，被害者や周囲に対してどのように思っているか等）がなされていく[25]。

以上のような修復的実践では問題行動を規律違反として捉えるのではなく，共に生活している者の人間関係を悪化させる「害悪（harm）」と捉えるため，各段階において対話を徹底し，それぞれの過程には「相手の話を傾聴する態度」や「相手の立場に立って物事を考える視点」，「話の流れを読み取り他者の意見を聴きながら自らも意見を表明していく力」，「問題解決の計画を複数人で練り上げていく力」等の要素が含まれている。

42　第3章　日本におけるゼロ・トレランス受容の問題点と修復的実践への転換

これを発達心理学的に捉えた場合，「積極的傾聴」，「他者の役割取得（role taking）・観点取得（perspective taking）」，「意見表明」，「合意形成」等の要素を含んでいるといえ，修復的実践では子どもの社会性・道徳性の発達の促進が期待できる[26]。

さらに，マクロ的視野から修復的実践を見た場合，応報・懲罰に基づく「排除（exclusion）」ではなく，対話に基づく「包摂（inclusion）」を基礎とする社会形成を目指して展開されてきた修復的正義運動の発展の中から，刑事司法を越えて教育領域へと拡大されてきた社会運動的な背景を有している点に特色があり，修復的正義の実現に向けたプロジェクトの一つとされている[27]。

したがって，修復的実践は紛争解決スキルを習得する教育プログラムに留まらず，「修復的文化（Restorative Culture）」，「修復的町づくり（Restorative City）」等が目指されるように，学校を基盤として「市民性（citizenship）」を育て，社会における紛争解決の考え方の変容をも射程とする壮大な実践といえる。

⑵　ミネソタ州におけるゼロ・トレランス中止と修復的実践への転換

学校における修復的実践の広がりは，ゼロ・トレランスの行き詰まりを転換していく上でも導入されてきた。

ミネソタ州では，学校にゼロ・トレランスが導入された3年間（1994〜1996年）で，停学・退学が3倍に上昇したことを重く受け止め，児童・家庭・学習局（Department of Children, Family and Learning）は1997年よりゼロ・トレランスに代わる指導として学校全体での修復的介入（Whole-school restorative interventions）を提案した。

とりわけ，強調したのは，問題行動に対して学校側が一方的に指導するのではなく，生徒も問題解決過程に参加させ，集団の同意によって規範を形成していくことであり，こうした指導が問題行動への早期介入となり，安全な環境の創造にもつながっていくと考えられ，1998年より資金援助がつけられて修復的実践が導入された[28]。

資金援助第一期（1998〜2001年）の調査結果では，小学校，中学校，高校のい

ずれも全体的に停学率と懲戒命令率は減少し，修復的実践は停学等に代替する実現可能な手段であること，修復的哲学とその実践は学級運営や教授方法として応用されること等が明らかとなった。一方で，修復的実践を担う専門家を外部から雇う学校では専門家に従う傾向が見られ，資金援助終了後は実践の継続性があまり見られないことが課題となった。

　これを受け，資金援助第二期（2002～2003 年）では学校スタッフの修復的実践に関する研修に投資し，学校内の問題行動の減少に一定の効果が見られたため，修復的実践は学校生活を共にする者の関係性の強化を図り，問題行動を未然に予防する効果的な指導方法の一つと見なされるようになってきた。

　州教育省（Department of Education）で修復的実践の指導を担ったリーセンバーグ（N.Ristenberg）は，資金援助第一期の中間評価の課題を受けて，実践の担い手である学校スタッフの研修に予算をかけることを提案して「修復的実践のための国際組織（International Institute for Restorative Practices，以下，IIRP）」の研修を活用した。

　資金援助終了期には IIRP 本部よりミネソタ州の修復的実践による教育改革の成果のインタビューを受け，そこでも修復的実践を効果的に運用する上で学校スタッフ研修の課題を取り上げ，学級レベルでのスキル研修を受けているのか，学校管理者レベルでのスキル研修を受けているのか州の学校区で様々であり，その点が実践を困難にさせているとした。

　また，実践分析の視点として，対話を通じて様々な考えが反映されることが適切な「修復的過程」であり，こうした過程を経由する実践では相互に尊敬できる学校風土の形成を導いているとし，修復的介入は多様な教育場面に活用できるとの見解を示した[29]。そこで，2000 年代半ばには公立学校を超え，問題を起こした子どもの立ち直りを支援する学校（recovery school）でも修復的原理に即したサークルプロセスが導入された。

⑶　修復的過程と意思決定手続き

　リーセンバーグはミネソタ州の学校の修復的実践を検討しながら，「修復

44 第3章 日本におけるゼロ・トレランス受容の問題点と修復的実践への転換

的過程」は治療を目的とするグループセラピーとは異なり，生徒自身の「参加」と「傾聴」を軸に相互関係を強化していくコミュニケーション過程であることを論じている[30]。

リーセンバーグがグループセラピー等，ソーシャルワークの援助技術との対比に意識を向けているのは，ミネソタ州はソーシャル・グループワークの原理を示し，治療的グループワークを体系化したミネソタ大学のコノプカ (G. Konopka) の業績が根付いた地であったからである。

この点については先行研究では明らかにされてこなかったが，同大学の修復的司法・仲裁センター長を務めるアンブライト (M. Umbreit) も青少年問題の調査研究でコノプカと仕事を共にしており[31]，ミネソタ州の修復的実践にはコノプカの実践観が少なからず影響を及ぼしていることも推察される。

こうした実践風土がある中で，リーセンバーグは修復的実践の独自性を問い，2006年の第9回 IIRP 国際会議でソーシャル・グループワークと修復的実践の共通部分を示しつつ，修復的実践の独自性は「共同の意思決定」とその決定に基づき「個々の果すべき責任を導くこと」であるとした[32]。

現在，ミネソタ州では15年弱の実践を活かし，修復的対話の実践マニュアルを作成するに至ったが，2000年代の実践を振り返った場合，2001年9月11日のテロ以降は社会全体が厳罰傾向に傾いて修復的実践は足踏みし，総じて州全体では実践はトーンダウンしたともいわれる[33]。

5．修復的実践の留意点

⑴ 実践の羅針盤となる子ども観・教育観

以上が修復的実践の構造と具体的な実践事例であるが，これを日本の学校現場に即して考えてみた場合，段階的指導を行うゼロ・トレランスは「生徒を見捨てずとことん面倒を見るトレランスに溢れた指導」とする見解もあり，一見すると，形式的には，問題行動を起こす生徒の包摂を志向する修復的実践の段階的な実践構造とも重なるようにも見える。

5．修復的実践の留意点　　*45*

図1　ゼロ・トレランスと修復的実践の原理の違い

	ゼロ・トレランス	修復的実践
子ども観	統制すべき危険因子として子どもを見る（問題解決の客体）	自ら問題を解決する成長・発達可能態として子どもを見る（問題解決の主体）
指導観	事前に大人が主導となって規則を設定し，その規則に即して例外なく対応する個別的指導（加害者個人への自己責任の追及と排除によって，被害者や学級集団の安全を維持する）	教師，生徒共に問題解決の主体を担い，対話により関係性を強化し，被害者，加害者の事後的ケアを設定する相互関係的指導（対話の中で把握される被害者や関係者のニーズを確認し，加害者の更生計画を設定）
問題行動観	校則等の規則違反として認識する	共に生活している人と人との関係性を悪化させる害悪として認識する

　しかし，両者の実践の出発点を見れば分かるように，ゼロ・トレランスと修復的実践とでは問題解決過程に根本的な違いがあり，ゼロ・トレランスでは問題行動を「規則違反」と見なし，事前に大人が設定した規則基準に従い教師等が主導となって「個別的対応」を行い，生徒は問題解決の「客体」として位置づけられる。

　一方，修復的実践では問題行動を人間関係を悪化させる「害悪」と見なし，その対応は事前に固定化させず，問題に関係する当事者の対話過程において創造する「相互関係的対応」であり，生徒も問題解決の「主体」として位置づけられる。これを図示するとすれば上記のようになる（図1）。

　アメリカの均衡的修復的司法（Balance and Restorative Justice）においては，理念とかけ離れたネットワイドニング傾向にあると指摘されたように[34]，実践者の子ども観や教育観は特に重要課題である。すなわち，子ども（生徒）を自ら問題を克服していく存在と見るのか，統制すべき危険因子として見るのかで，その実践の質は異なってくる。

　こうした子ども観，教育観の違いの確認なしに曖昧な上で，「生徒を見捨てずとことん面倒を見るトレランスに溢れた指導」と主張したところで，とことん「余計なお世話」となる危険性もあり，さらには学校集団内の相互監視

によるネットワイドニングを拡大する危険性がある。当然，修復的実践でも
その子ども観，教育観が曖昧であれば，常に「統制の道具化」に陥る危険性
があることは自覚しておく必要がある。

(2) 生徒参加・意見表明権の保障とアセスメントの必要性

　リーゼンバーグも述べるように，学校における修復的実践の独自性の一つ
には，問題解決過程へ生徒も参加し，意思決定手続き過程で意見を述べる点
であり，子どもの権利条約が示す意見表明権の保障を促すものといえる[35]。

　もっとも，修復的司法研究では，コミュニティ・ジャスティスのような形
態ではコミュニティの権力者の意向が多分に反映され，一人一人の意見が平
等に尊重されないのではないかと批判があったように[36]，学校の修復的実践
でも問題行動を解決していく過程で，学級集団内の権力関係が持ち込まれ，
問題をさらに悪化させることはないか等の疑問も生じる。

　このような点に関して，世界各国の学校における修復的実践の調査研究を
進めているモリソン（B. Morrison）は，学校で修復的実践を試みる場合，学級
内の権力関係が持ち込まれることや学校全体がネットワイドニング傾向にな
ることもあるため，相互監視の風土とならないよう，子どもの発達段階に即
した実践をマネジメントする必要性を説いており，ケースのアセスメントが
極めて重要となる。

　また，モリソンは「修復的実践を実施した後，いじめを悪化させる場合は，
新しいメンバーを加えて再びカンファレンスを行い，被害の理解を拡大する
ことが加害者に新しいレベルの衝撃を与えていくことになる」と述べてお
り[37]，生徒と共に新たな関係性を作り上げて教育環境を転換させていく対応
を考案している。

　これらの指摘も踏まえれば，問題行動ケースにおいては，チーム学校構想
にも示されるように，問題を教員が一人で抱え込まず，スクールカウンセラー
やスクールソーシャルワーカーも含めた，多職種とのチームカンファレンス
を通じたアセスメント過程を準備することが求められる[38]。

具体的には，学校内でチームカンファレンスを開き，教員やスクールソーシャルワーカー，それぞれの立場からの所見を交わしながら，対話の実施が適切なケースか否かアセスメントを行い，対話が適切とされた場合に，被害生徒，加害生徒それぞれの想いを聴き取りながら，対話に参加するメンバーを決定し，対話の準備を進めていくこととなる。この際，問題行動の背景に家庭問題等が関連していると考えられる場合は，親子間でのファミリーグループ・カンファレンスも検討されよう。

これらの事前準備を経た実際の対話では，ファシリテーターとなるスクールソーシャルワーカー等が「修復的問いかけ」を活用しながら，参加者全員で問題行動の再発に向けた支援計画を決定し，対話終了後も支援計画が継続して実行されているかを観察（モニタリング）していく流れとなる[39]。

こうしたアセスメント過程がなければ，修復的実践でも生徒指導を担う教員等が，一方的に問題の白黒をつけ，犯人探しを行うことが目的となるリスクもあり，ゼロ・トレランスと同様の構図となってしまう。

問題行動が生じた基本的なアウトラインの確認はあくまでも一人一人の考え方を把握するためであり，自らの価値判断を忍び込ませて一方的に指導することのないよう，問題解決過程における生徒参加（意思決定手続きの参加），意見表明権の保障こそが，修復的実践の本質であることの自覚が必要であろう。

[1] 服部朗『少年法における司法福祉の展開』成文堂，2006，p. 257。
[2] アメリカのゼロ・トレランス導入については，船木正文「学校暴力と厳罰主義―アメリカのゼロ・トレランスの批判的考察」『大東文化大学紀要』41号，2003，喜多明人「寛容なき厳罰主義＜ゼロ・トレランス＞」藤田英典編『誰のための「教育再生」か』岩波書店，2007，世取山洋介「ゼロ・トレランスに基づく学校懲戒の変容の教育法的検討」『日本教育法学会年報』45号，2016等を参照。なお，先行研究では，ゼロ・トレランス，ゼロトレランスの表記が混在している。本書ではゼロ・トレランスを使用し，先行研究でゼロトレランスと表記されているものはそのまま使用することとする。
[3] 船木正文「アメリカ合衆国のゼロ・トレランス見直し政策―生徒の学力保障と修復的司法の実践」『人間と教育』85号，2015，pp. 20-27。

48　第 3 章　日本におけるゼロ・トレランス受容の問題点と修復的実践への転換

[4]　例えば，Fine, M. and Smith, K., 'Zero tolerance : Reflections on a failed policy that won't die' in W. Ayers, R. Ayers and B. Dohrn（ed）*Zero Tolerance*：*Resisting the Drive for Punishment in Our schools*, New York：News Press, 2001.

[5]　加藤十八『アメリカの事例から学ぶ学校再生の決めて―ゼロトレランスが学校を建て直した』学事出版，2000，同編『ゼロトレランス―規範意識をどう育てるか』学事出版，2006。

[6]　西山久子「ゼロトレランス方式と相談的対応が融合したわが校の取り組み」『月刊学校教育相談』2006 年 11 月号，森靖喜「ゼロトレランスの生徒指導」加藤編・前掲，2006，野上恭子「ゼロトレランス方式の生徒指導がもたらしたもの―私立高校におけるゼロトレランスの実践から」『月刊少年育成』2008 年 4 月号を参照。

[7]　御殿場高校，牧園高校の事例紹介は，平岡妙子「広がる『ゼロトレランス』」『月刊少年育成』2008 年 4 月号を参照。

[8]　金山健一「日本版ゼロトレランスでは『出席停止』の効果的な活用を」『月刊学校教育相談』2006 年 11 月号，p. 36，嶋崎政男「ゼロトレランスも教育相談も『見捨てない・見逃さない』」同前所収，p. 31，笠谷和弘「ゼロトレランスとは，トレランスである」『月刊少年育成』2008 年 4 月号，p. 27。

[9]　小野方資「ゼロ・トレランスに基づく福山市『生徒指導規定』の教育法学的検討」『日本教育法学会年報』46 号，2017，pp. 159-168，同「広島県福山市におけるゼロトレランスに基づく学校教育の全体像」横湯園子・世取山洋介・鈴木大裕編『「ゼロトレランス」で学校はどうなる』花伝社，2017，pp. 45-47。

[10]　2000 年代後半までの各校の事例分析による論点整理は，中西真「日本の高校における『ゼロトレランス方式』の現状と課題」『ヒューマンセーフティ研究』（立命館大学）2 号，2009 も参照。

[11]　加藤編・前掲，pp. 75-81，106-129。

[12]　田中克佳『学校で殺される子供たち―アメリカの教育改革レポート』中央公論新社，1999，pp. 18-19。修復的実践も相互尊敬，信頼，包摂等の修復的価値を教えながら，紛争解決スキルを学んでいくので，品性教育（人格教育）の性格を帯びている。この点は，Amustut, L.S and Mullet, J.H., *The Little Book of Restorative Discipline for Schools*：*Teaching responsibility and creating caring climates*, good books, 2005, p. 19 を参照。なお，加藤はアメリカでの学校視察を踏まえ，全州の多くの学校で教育価値として「尊敬（respect）」が示されていることを紹介しているが（加藤編・前掲，pp. 113-115），これはゼロ・トレランスを推進している学校よりも，修復的実践を推進している学校ではないかとも推察される。

[13]　一部の学者，教育組合幹部の感情的な反論があるとは触れているが，大多数の善良な生徒達には何の痛痒も感じていないと指摘している（加藤編・前掲，pp. 48-49）。しかし，「常に監視されていて，刑務所にいるようだ」と嘆く生徒や，「監視が行き届

5．修復的実践の留意点　*49*

かない学校外ではトラブルだらけ」と語る生徒も存在しており，こうした批判にも目を向けるべきであろう（田中・前掲，pp. 40-41）。

[14]　金子隆弘「ゼロ・トレランス導入の動向」『教育』2007 年 5 月号，p. 81，船橋一男「生徒指導におけるゼロトレランス方式導入の問題点」『教育』2007 年 7 月号，pp. 101-103。

[15]　宇治芳雄『虚構の教育』汐文社，1982，p. 179，座談会「ブロード・ザ・管理—新設高校問題」『かんかん』1 号，1984，p. 121。

[16]　加藤十八編『ゼロトレランスからノーイクスキューズへ—アメリカの最新教育事情に学ぶ日本教育再生のカギ』学事出版，2009，同『いじめ栄えて国亡ぶ—教育再生の鍵はゼロトレランスにあり』幸福の科学出版，2009 を参照。

[17]　船木のゼロ・トレランス批判の論考は多いが，2000 年代初期のもとして，船木正文「暴力予防と子どもの権利・責任—アメリカの衝突解決教育から学ぶ」『季刊教育法』No. 125，2000，同「学校暴力と厳罰主義—アメリカのゼロ・トレランスの批判的考察」『大東文化大学紀要』41 号，2003，同「アメリカにおける学校の警察化と法執行としての教育」愛敬浩二・水島朝穂・諸根貞夫編『現代立憲主義の認識と実践—浦田賢治先生古稀記念論文集』日本評論社，2005 を参照。

[18]　船木正文「ゼロ・トレランス批判と代替施策の模索—学校における修復的司法」『季刊教育法』No. 153，2007，pp. 28-29。

[19]　同前，pp. 31-33。

[20]　船木正文「アメリカ合衆国のゼロ・トレランス見直し政策—生徒の学力保障と修復的司法の実践」『人間と教育』85 号，2015，pp. 20-27。

[21]　加藤十八『鬼教師が日本の教育を救う—"子供に優しい教育学"こそ体罰といじめの元凶である』オークラ出版，2013，同『日本教育再生十講—わが国の教育の本来あるべき姿を求めて』協同出版，2017 を参照。

[22]　例えば，新潟県立正徳館高校と大阪市「児童生徒の問題行動への対応に関する指針」に注目してゼロ・トレランスの活用について分析した鈴木匡は，日本の場合，明確なルールと処罰を公平に適用して違反抑止効果を目指す点がアメリカとは異なるとしつつ，アメリカの教訓も踏まえ，規律違反との教師の判断の客観性の担保，学級から切り離して特別指導を行った生徒の復学・再統合を課題として挙げている（鈴木匡「ゼロトレランスの学校教育への活用に関する考察」『神奈川大学心理・教育研究論集』36 号，2014，p. 30）。こうした課題をカバーし，公正な手続きという価値を学びつつ，問題行動の解決過程に生徒も参加し，問題を起こした生徒の再統合を目指すものが修復的実践であると考えられるが，同論文では修復的実践への言及はない。

[23]　船木・前掲（2000），p. 22。アメリカのプログラムを紹介しているものとして，R. ローレンス（平野裕二訳）『学校犯罪と少年非行—アメリカの現場からの警告と提言』

日本評論社，1999，pp. 300-345。

[24] P.A. ネッセル「ティーンコートと法関連教育」山口直也編『ティーンコート―少年が少年を立ち直らせる裁判』現代人文社，1999，pp. 32-53 を参照。法教育については，関東弁護士連合会編『法教育―21 世紀を生きる子どもたちのために』現代人文社，2002，法教育研究会編『はじめての法教育―我が国における法教育の普及・発展を目指して』ぎょうせい，2005 を参照。

[25] T. ワクテル（山本英政訳）『リアルジャスティス―修復的司法の挑戦』成文堂，2005，pp. 61-62。

[26] 他者の観点取得（社会的視点取得能力）と衝突解決教育の関連性については，楠凡之「コンフリクトの解決と平和創造」心理科学研究会編『平和を創る心理学―暴力の文化を克服する』ナカニシヤ出版，2001 を参照。

[27] 宿谷晃弘『人権序論―人権と修復的正義のプロジェクトの構築に向けて』成文堂，2011 を参照。

[28] Minnesota Department of Children, Family and Learning, 'In-school behaviour intervention grants：A three-year evaluation of alternative approaches to suspensions and expulsions' Report to the Minnesota Legislature, 2002. 邦訳紹介は油布佐和子「学校における VOMP の可能性―アメリカにおける修復的司法の試み」『福岡教育大学紀要』54 号 4 分冊，2005，pp. 35-37 を参照。

[29] Ristenberg, N., Restorative Practices Impact Public Schools in Minnesota：an Interview with Nancy Riestenberg, 2003 を参照（https://www.iirp.edu/eforum-archive/4266-restorative-practices-impact-public-schools-in-minnesota-an-interview-with-nancy-riestenberg-of-the-minnesota-department-of-children-families-and-learning, 2017 年 10 月 1 日閲覧）。

[30] Ristenberg, N., PEASE Academy：The Restorative Recovery School, 2005 を参照（https://www.iirp.edu/eforum-archive/4328-pease-academy-the-restorative-recovery-school, 2017 年 10 月 1 日閲覧）。

[31] National Association of Social Workers（NASW）の HP http://www.naswfoundation.org/pioneers/u/umbreit.html を参照（2017 年 10 月 1 日閲覧）。コノプカの業績は，G. コノプカ（前田ケイ訳）『ソーシャル・グループ・ワーク』全国社会福祉協議会，1967 を参照。ただし，アンブライトにコノプカの業績からの影響を尋ねたところ，コノプカを知らないとの回答であったため，コノプカのプロジェクトに若干関与する程度のものだったと推察される〔2017 年 9 月 18 日 RJ 対話の会主催 "Restorative Justice in the 21st Century：A Social Movement in the Global Community Full of Opportunities and Limitations—A Journey That Begins Within One's Self"（於東洋大学）でのアンブライトへのヒアリング〕。

[32] Ristenberg, N., Applyaing the Frame work：Positive Youth Development and

Restorative Practices, 2006 を参照（http://www.iirp.edu/pdf/beth06_riestenberg. pdf, 2017 年 10 月 1 日閲覧）。ソーシャル・グループワークと修復的司法（正義）との関係は，N.J. グット・D.L. ガスタフソン（竹原幸太訳）「暴力発生後の協働—ソーシャルワークと修復的実践」E. ベック・N.P. クロフ・P.B. レオナルド編（林浩康監訳）『ソーシャルワークと修復的正義—癒やしと回復をもたらす対話，調停，和解のための理論と実践』明石書店，2012，pp. 329-330。

[33] ミネソタ州教育局（山下英三郎訳）「修復的対話実践ツールキット」ミネソタ州教育局（未公刊），2012，坂上香「『司法』を超える修復的司法の挑戦—教育とアートの現場から」『自由と正義』Vol. 61，No. 9，2010，p. 12。今後，2017 年に誕生したトランプ政権下で，いかなる政策方針が採られるのか懸念される。

[34] 徳岡秀雄「少年司法は均衡・修復司法の時代か」『刑政』111 巻 2 号，2000，pp. 41-42。

[35] この視点は，山田由紀子「修復的司法と少年の意見表明」『子どもの権利研究』5 号，2004 も参照。

[36] 高橋則夫『対話による紛争解決—修復的司法の展開』成文堂，2007，pp. 110-113。

[37] この点は，2007 年 6 月にカナダでモリソンと共に研究中であった辰野文理教授（国士舘大学）を介しモリソンに質問して回答を得た。この場を借りて，両氏に感謝を申し上げる。

[38] ゼロ・トレランスの対抗言説である修復的実践論が見逃してきた論点に，教員の指導基準の不統一，教員の負担軽減，学校の生存戦略があると指摘される（伊藤秀樹「ゼロトレランス対抗言説が見逃してきた論点」『日本教育学会第 76 回大会』配布資料，2017）。この点については，当該言説を作り出した時期には打ち出されていなかった「チーム学校」構想を今後いかに機能させていくかがポイントであると考えられる。すなわち，多職種連携による教育相談の厚みが形成されれば，教員の負担が軽減されつつ，生徒との関係性も変容する可能性も開かれるように思われる。指導基準の不統一については，修復的実践はゼロ・トレランスのように事前に固定化した規律で対応せず，意思決定手続きに生徒を参加させることを原理とするため，そもそも指導基準が異なるものである。しかし，ミネソタの事例のように，指導基準ではなく，意思決定続きに生徒を参加させる指導原理を統一するものとの回答はできるかもしれない。

[39] 北アイルランドの事例は，竹原幸太「修復的司法の動向 13　ローラ・ミルスキー『家族集団会議の世界的広がり—第三弾』」『法律時報』76 巻 7 号，2004，pp. 126-127。

第 4 章　修復的実践の世界的展開と構造

1．はじめに

　1990 年代半ばから後半にかけて，欧米，欧州，オセアニア諸国では，学校内での問題行動に対して，停学や退学処分を下す伝統的な生徒懲戒を見直し，「修復的実践（Restorative Practices）」を導入して効果を挙げてきた[1]。

　各国の実践から浮上した共通原理は，問題行動で生じた害悪（崩れた人間関係）を対話を通じて修復する過程で対話参加者の感情に触れながら「関係性」を強化し，個々の情動的発達を促進しつつ，同時に健全で安全な学校コミュニティを構築する点である。すなわち，個人と学校コミュニティ両者の相互成長（エンパワーメント）である。

　従来，デューイ（J. Dewey）等の教育学者は「社会の縮図」として学校を捉え，社会を運営する「市民性」を学ぶ教育過程として学校教育を論じてきたが[2]，修復的実践は問題行動を契機に教育学者が主張してきた教育論を強力に展開する実践例とされている。

　本章では世界各国の学校における修復的実践の調査研究を進めているモリソン（B. Morrison）の研究に依拠しながら[3]，各国の修復的実践及び評価研究の動向を整理し，修復的実践の構造と発展の方途を論じていく。

2．修復的実践の連続構造と修復的過程

⑴　連続体としての修復的実践
学校における修復的実践の初期調査はオーストラリアのクイーンズランド

54 第4章 修復的実践の世界的展開と構造

で実施され，「修復的会議（restorative conference）」がいじめ抑止に効果がある
とされて以降[4]，修復的実践は世界各国で様々な形で導入され，「懲罰的対応
（Desert）」よりも問題解決に向けたニーズとそれぞれが果たす義務を明確に
する対応と考えられてきた[5]。

　生徒同士の対話を行う実践方法についても，サークル参加者の中で一枚の
羽を回し，羽を持っている者が発言し，他のメンバーは傾聴することで，全
員の意見表明を促すトーキングピースを活用した平和形成サークルや，サー
クル内部に問題に深く関与している生徒を配置し，その外部に級友を配置す
る同心円サークル等，各校の特色に応じた形で実践された。そして，こうし
た教育方法は問題行動が生じた際に留まらず，学級内での話し合いや共同学
習を進める方法としても応用され，修復的実践は幅を持った連続的な実践構
造として認識された。

　この点について，ワクテル（T. Wachtel）とマッコールド（P. MacCold）は「イ
ンフォーマルなカンファレンス（話し合い）」，「フォーマルなカンファレンス
（話し合い）」という基準を設け，「影響力のある意見表明」─「影響力のある質
問」─「小規模のカンファレンス」─「大規模なサークル」─「フォーマルなカン
ファレンス」という実践軸を描き，インフォーマルからフォーマルな実践軸
に向かって，より多くの人々が関与した構造的な実践となり，加害生徒に大
きなインパクトを与えていくものと説明している[6]。

　また，ワクテルが1999年に「修復的実践のための国際組織（International
Institute for Restorative Practices, 以下，IIRP）」を立ち上げた際も（2000年NPO法人
化），修復的実践は「問題行動の未然予防（Proactive）」から「問題行動が生じ
た後の事後対応（Reactive）」までを射程とした構造として捉えられ，特に未然
予防を図るプログラムの開発に力点が置かれてきた[7]。

⑵　応答的統制を進める修復的実践

　修復的実践が連続構造として自覚されるとともに，モリソンはブレイス
ウェイト（J. Braithwaite）の「修復的司法と応答的統制の考え（ideas of restora-

tive justice and responsive regulation）」に基づく統制ピラミッドに依拠して[8]，修復的実践の介入レベルを説明している。

「応答的統制」とは問題行動に対する統制ニーズに応じて，介入の強弱をつけて幅を持たせることを意味し，事前に問題への対処を固定化している法令や規則等の「形式的統制（regulatory formalism）」とは対照的に柔軟な対応を示すものである。

モリソンは応答的統制論を援用しつつ，健康づくりの考え（health care）の介入基準で示される，一次予防（一般人の健康力の向上），二次予防（ハイリスク対象への介入），三次予防（問題が既に起こった場合の再発防止）の概念を参考として，問題行動の未然予防から事後対応までを射程とする修復的実践の三つのレベルとその連続構造を次のように整理した[9]。

先ず，第一水準の総合的な介入（Primary or universal intervention）では，暴力予防に向けた学校コミュニティづくりを目指して，すべての生徒を対象とする。相互尊敬による規範的な風土や学校コミュニティへの帰属感，公正な手続きを発達させることを目的とし，教員はこれらの価値を経験的に教えていく。

ここでは，ホームルームや授業の話し合いにおいて，トーキングピース等を活用し，それぞれの意見を尊重しながら，学級（コミュニティ）全体としての意見を練り上げていくスキルと価値を習得する。

次に，第二水準の的を絞った介入（Secondary or targeted intervention）では，問題行動の危険性を帯びた特定の生徒を対象とし，問題行動に関与していない第三者の関与が伴って強力な介入となる。非行の危険性のある生徒を再び学校に関係づけることを目的とし，問題解決に際しては，ファシリテーターの存在が要求される。

例えば，衝突解決教育（conflict resolution）のプログラムの一環として，メディエーターの研修を受けた生徒がメディエーター（ファシリテーター）を担うティーンコート等のようなピア・メディエーションが活用される。

最後の第三水準の徹底的介入（Tertiary or intensive intervention）では，既に常習性を帯び，重大な問題を起こしている生徒を対象とし，学校を取り巻く幅

56　第4章　修復的実践の世界的展開と構造

広い参加者（保護者や司法領域のソーシャルワーカー等）が関与する。重大な問題が黙認されてしまう程，弱体化していた学校内の関係性自体を修復し，再構築していくことを目的とし，委託を受けた第三者機関が介入する実践形態の場合もある。

　例えば，傷害事件等で裁判所に送致された非行ケースに関して，裁判所は学校と関連機関の連携を図るため，対話を仲介するNPO等の第三者機関に紛争解決を委託して司法手続きから切り離すダイバージョンを実施する。これは，第三者機関が学校に関与し，保護者や地域関係者等の協力・参加を得ながら，非行を起こした生徒の学校再統合を促すもので，非行克服に向けた学校と関連機関のネットワーク形成をも射程としている。

　要約すれば，第一水準の予防的介入では「関係性の強化（問題行動の予防教育）」に焦点を当て，第二水準の早期発見的介入では「関係性の修復（対立関係の修復）」に焦点を当て，第三水準の治療的介入では「関係性の再構築（対立が生じた環境内の関係性自体の書き換え）」に焦点を当てている。

　日本におけるゼロ・トレランスでも段階的な介入（対応）が描かれていたが，修復的実践の段階的な介入では，問題行動の統制主体が学校側に固定化される「形式的統制」とは異なり，問題行動に関係する生徒，学級メンバーの参加を通じて，問題解決に向けたニーズを確認し，柔軟に対応を決定していく。すなわち，応答的統制となる修復的実践の連続性を示せば図2のようになる。

　以上のような連続性を持つ修復的実践では，一つの対話の終わりは，対話

図2　修復的実践の連続性

未然予防　　　　　　　　　　　　　→　　　　　　　　　　　　事後対応

第一水準	第二水準	第三水準
学級活動において他者の意見を傾聴するスキル，対話を行うスキル，非暴力的な紛争解決スキル等を学ぶ	軽微な問題行動の解決において，教員と特定の生徒の小規模な会議，学級会議，仲間調停（ピア・メディエーション）等を行う	重大な問題行動の解決において，司法領域のソーシャルワーカー，警察，父母，地域住民等の学校外の第三者も加えて会議を行う

参加者による相互ケアへとつながっており，結果として，すべての生徒が「懲罰」とは異なる「包摂」に向けた相互ケアという介入を受け，学校コミュニティを形成していくことになる。

(3) 修復的実践の基盤となる価値とスキル

ホプキンス（B. Hopkins）は，修復的実践が学校生活の場面（ピース）に応じて幅広い形態で実践される連続構造である点を指摘しつつ，修復的な対話過程を導くための実践スキルを修復的価値に即して説明している。

実践スキルの基盤となる価値とは，「相互尊敬（mutual respect）」，「公開性（openness）」，「エンパワーメント（empowerment）」，「包摂（inclusion）」，「寛容（tolerance）」，「正直さ（integrity）」，「合意（congruence）」等である。

これらの価値を基盤としたスキルは，「考えに偏りがない非審判的態度」，「関与するすべての者への敬意」，「積極的で共感的な傾聴」，「参加を通じた信頼の促進」，「解決案を練り上げる創造的な質問」等を指し，この価値とスキルが伴う過程は学校コミュニティを関与させながら学校生活の情報を公開し，共同決定を行う修復的過程となるとされている[10]。

トーズボーン（M. Thorsborne）とヴィネグラッド（D. Vinegrad）も日常の授業や学級活動でトーキングピース等の手法を活用して，人間関係を豊かにして共感性を高めつつ，問題行動が生じた際には，教員と特定の生徒による小規模な話し合い，教員とクラス生徒との学級会議，教員と学校全体の生徒達との大規模な会議等を実践していく連続構造を描き出し，それらの修復的過程を基礎付ける価値として，「尊敬（respect）」，「安全性（safty）」，「エンパワーメント（empowerment）」，「包摂（inclusion）」，「共同性（collaboration）」，「協調性（cooperation）」，「平等性（equality）」，「参加（participation）」を挙げている[11]。

さらに，修復的過程は，他者との関係性を築きながら感情の意味を自覚し，社会的・感情的知能を高めていく学びの過程ともなり，ゴールマン（D. Goleman）の提起する「情動的知能（Emotional Intelligence Quotient, EQ）」を高める「情動の学び」（エモーショナル・リテラシー等とも表現される）とも位置づけられて

いる[12]。

もっとも，修復的実践が「情動的知能」を高めるという側面のみならず，学校内での問題行動の減少に効果が見られるのか，個々の学校で取り組まれる実践の省察過程における調査，各国で実施されている大規模調査等の実証的な評価研究も進められており，モリソンに倣い[13]，統制ピラミッドの水準に即して修復的実践プログラムを分類して評価研究を整理していく。

3．修復的実践のプログラムと評価

⑴　第一水準の総合的な修復的介入

学校全体の修復的実践を導入した実践効果の大規模な評価研究は，1997年にゼロ・トレランスに代わり州レベルで修復的実践を導入したミネソタ州の事例に加え（3章），2001年から2004年にかけて，イングランド・ウェールズの少年司法委員会（Youth Justice Board）が実施した学校全体での修復的実践の調査がある[14]。

同調査では，修復的実践を導入したプログラム校と非プログラム校への質問紙調査（生徒，教員を対象）を比較し，両者の間にいかなる違いが確認されるか検討された。

生徒（5986人）からの回答では，プログラム校と非プログラム校で差が見られた項目としては，「人種差別的な呼び名の減少（プログラム校は11％の減少）」，「いじめを止める行動の上昇（プログラム校は10％上昇）」，「学校内でいじめが深刻な問題となることの減少（プログラム校は23％減少）」等であった。

一方，教員の回答（949人）で注目されるのは，修復的実践が導入されても問題行動に対し，退学が効果的対応とする教員意識が残存した点であり，プログラム校と非プログラム校の回答に違いが見られなかった点である。つまり，学校の退学率の減少傾向が見られても，修復的実践の導入により退学が減少したと単純に結論付けることはできず，学校内で指導方針をめぐる考えの不一致があることが露呈した。また，修復的実践を少しは理解していると

の回答の中には，修復的実践の重要な概念を誤って概念化しているような質的なデータも確認された。

同調査では修復的実践は学校内の問題行動に対する万能薬ではないものの，適切に実行されれば学校環境を改善していく取り組みであることが示された。

⑵ 第二水準の的を絞った修復的介入

第二水準の代表的な実践としては，「問題解決サークル（Problem-solving circles）」，「仲間調停（Peer mediation，以下，ピア・メディエーション）」が挙げられ，とりわけ，ピア・メディエーションが広がった。

ピア・メディエーションは，調停の研修を受けた生徒がメディエーター（仲裁者）となり，生徒達自身で責任を持って問題を解決し，学校自治の形成を目指していくものである。

現在，ピア・メディエーションの実践形態は学校によって様々であるが，メディエーターを担うことで内申点が上がることから，メディエーターの研修を希望する生徒がいる問題点や，そもそも，ピア・メディエーションを単体で行っても，問題行動の常習性のある生徒には効果的な介入とはならない課題も指摘されてきた[15]。

これらの課題を受け，オーストラリアのニューサウスウェールズ教育省では 1997 年より，生徒，教職員すべてが関与する「学校コミュニティフォーラム（School Community Forum），以下，フォーラム」を試み，問題行動の常習性を帯び，周囲から危険視されている生徒も会議へ関与させて停学率を減少させることが目指された。

フォーラムの試験的実施では 20 ケースが実施され，問題行動と停学率の減少が確認され，とりわけ，いじめのケースで強力な効果を上げたことから，いじめが反社会的行為であることを他の対応よりも強力に直面化させる効果的な指導として評価された[16]。

60　第4章　修復的実践の世界的展開と構造

⑶　第三水準の徹底的な修復的介入

　第三水準の代表的な実践としては，「コミュニティ会議（Community conferencing）」や「家族集団会議（Family group conferencing）」が挙げられ，1990年代初頭にオーストラリアで発展してきた。

　クイーンズランド州では，少年司法での修復的司法に学び，相互尊重の対話を発達させ，被害者と加害者の周囲にサポートネットワークを形成していくことを目的として，1994年に学校でコミュニティ会議を導入した。

　試験的実践では，暴行，脅迫，窃盗等のケースで89件が実践され，会議参加後の参加者（被害者と加害者，両親，兄弟姉妹，教員，友人等）へのインタヴュー調査と質問紙調査では，概ね肯定的な評価が示されたが，ウェールズの調査と同様に，態度の悪い生徒への指導では「懲罰的基準」で臨むべきとの回答も多く，「修復的基準」との対立が露呈した[17]。

　その後，クイーンズランド州の実践を受け，ヴィクトリア州でも試験的実践を試み，修復的実践を進めていく上では，伝統的な生徒指導方法との対立を経由する必要があること，少数のスタッフだけでなく，学校スタッフがチームとして修復的実践の研修を受けて実践の理解を深めること等が課題として浮かび上がった[18]。

　これらの調査結果からは，コミュニティ会議は学校スタッフの研修機会を確保して，修復的司法の精神の下，教職員でチームを組んで実践されれば，学校運営や生徒指導に有効であることが確認された[19]。

4．修復的実践とシティズンシップ教育

　以上のように，学校における修復的実践は第三水準から始まりながらも，第一水準を基盤とした連続的な実践へと発展してきている。

　クリスティ（N. Chrestie）は司法制度が当事者の紛争を盗んだと表現したが，これまで，学校内でもゼロ・トレランスに象徴されるように，問題行動等による「紛争」の解決過程は学校側に盗まれ，成長発達の機会が制限されてきた。

これに対して，修復的実践は問題行動の解決過程への生徒参加と対話を重視し，こうした経験を通じて共感性や道徳性を高めつつ，学校を超えた社会生活で求められる「市民性（citizenship）」を育んでいく教育といえる[20]。

政治的，公共的空間を担う市民の育成としてシティズンシップ教育を説く小玉重夫がその具体的な教育プログラムの一つとしてティーンコートに関心を示していたように[21]，修復的実践は単に関係性を豊かにしながら，紛争解決スキルを学ぶ教育という認識ではなく，市民社会を担っていく次世代を育成するシティズンシップ教育として捉えていくことが重要であろう。

[1] 修復的司法の原理を活かしたプログラムは「修復的基準（restorative measure）」，「修復的介入（restorative intervention）」等，様々な名称で展開され，日本では山下英三郎がスクールソーシャルワークの文脈で「修復的対話」という用語を使用している（山下英三郎『いじめ・損なわれた関係を築きなおす―修復的対話というアプローチ』学苑社，2010）。本書では修復的司法の哲学を底流に置き，教育，福祉等での実践を総称して「修復的実践」と名付けたワクテルの用語を使用する。

[2] J. デューイ（宮原誠一訳）『学校と社会』岩波書店，1957。

[3] Morrison, B., *Restoring Safe School Communities：A Whole School Response to Bullying*, Violence and Alienation, Federation Press, 2007, pp. 96-150。モリソンの邦訳には，吉田卓司「修復的司法と市民社会㈦学校システム：市民社会の統制におけるその能力の進展」『法と政治』54巻4号，2003がある。なお，同訳は前野育三，高橋貞彦，平山真里が中心となり，関西学院大学の『法と政治』誌（53巻2号〜54巻4号）に H. Strang and J. Braithwaite（ed）*Restorative Justice and Civil society*, Cambridge University Press, 2001 を分割して翻訳した一つである。

[4] オーストラリアの初期調査については，Cameron. R and Thorsborne. R., 'Restorative Justice and School Displine：Mutually Exclusive?' in Strang and Braithwaite (ed), ibid. 同論文の邦訳紹介は，柴田守「修復的司法の動向6　リサ・キャメロン，マーガレット・トーズボーン『修復的司法と校則：互いに受け入れられないだろうか』」『法律時報』75巻7号，2003，吉田卓司「修復的司法と市民社会（四）修復的司法と学校懲戒―両者は相互に排斥しあうものであろうか？」『法と政治』54巻1号，2003を参照。

[5] Amustut, L.S and Mullet, J.H., *The Little Book of Restorative Discipline for Schools：Teaching responsibility and creating caring climates*, good books, 2005, pp. 13-14. 同じリトルブックシリーズの邦訳として，H. ゼア（森田ゆり訳）『責任と癒

62　第 4 章　修復的実践の世界的展開と構造

し―修復的正義の実践ガイド』築地書館，2007（*The Little Book of RestorativeJustice*, good books, 2002），pp. 30-33 も参照。

[6]　Wachtel, T and McCold, P., "Restorative justice in everyday life : Beyond the formal ritual" in Strang and Braithwaite（ed），ibid. 邦訳紹介は，前野育三「修復的司法と市民社会㈦日常生活のなかの修復的司法」『法と政治』53 巻 4 号，2002 を参照。

[7]　T. ワクテル（山本英政訳）『リアルジャスティス―修復的司法の挑戦』成文堂，2005，pp. 150-153。

[8]　Braithwaite, J., *Restorative Justice and Responsive Regulation*, Oxford University Press, 2002. 応答的統制については，J. ブレイスウェイト（細井洋子・染田惠・前原宏一他訳）『修復的司法の世界』成文堂，2008，pp. 76-79 も参照。

[9]　なお，2000 年にユネスコが提起した「平和の文化国際年」では，一次予防を強調した非暴力による平和創造を志向しており（伊藤武彦「攻撃と暴力の平和心理学」心理科学研究会編『平和を創る心理学―暴力の文化を克服する』ナカニシヤ出版，2001，pp. 27-29），モリソンもこの点に触れつつ，問題行動を予防する関心が，ゼロ・トレランスのような寛容さをなくした排除とならないように警告し，修復的実践の連続構造を示している（Morrison, ibid, pp. 106-109, 182）。

[10]　Hopkins, B., *Just School : A Whole School Approch to Restorative Justice*, Jessica Kingsley, 2004, pp. 159-161.

[11]　Thorsborne, M and Vinegrad, D., *Restorative Justice Poketbook*, *Teacher's pocketbook*, 2009, pp. 31-32, 57-64.

[12]　Amustut and Mullet, ibid, p. 19, ワクテル・前掲，p. 134。EQ に関しては，D. ゴールマン『EQ―こころの知能指数』講談社，1996 を参照。なお，エモーショナル・リテラシーについては，「治療共同体（therapeutic community）」として位置づけられるアメリカのアミティ（Amity）の取り組みで紹介され，「感情を，健全な方法で特定し，理解し表現する能力」と紹介されてきた。この点は，山下英三郎「閉ざされた感情との出会い―エモーショナル・リテラシーへの道程」坂上香・アミティを学ぶ会編『アミティ「脱暴力」への挑戦―傷ついた自己とエモーショナル・リテラシー』日本評論社，2002，p. 15。

[13]　以下の評価研究は，Morrison, B., 'Schools and restorative justice' in G. Johnstone and D.W. Van Ness（ed）*Handbook of Restorative Justice*, Willan publishing, 2007, pp. 334-345 の整理を参照した。

[14]　Youth Justice Board for England and Wales, National Evaluation of Restorative Justice in Schools Programme, 2004. 邦訳紹介として，警察政策研究センター『英国における少年犯罪対策の取り組み』警察大学校，2004 を参照。

[15]　オハイオ州ではピア・メディエーション単体で実践されるよりも，様々な衝突解

４．修復的実践とシティズンシップ教育　　*63*

　決教育プログラムと組み合わせて実施されることが多いとされ，保育園段階から衝
　突解決教育が導入され，修復的価値が実践的に教えられている。この点は，竹村登
　茂子「講演　米国オハイオ州のピア・メディエーション視察報告」『「臨床と対話」研
　究グループ 2006 年度報告書』2007，pp. 20-33。山口直也「ティーンコートから学ぶ
　わが国の少年非行対応策」同編『ティーンコート—少年が少年を立ち直らせる裁判』
　現代人文社，1999，p. 87 も参照。

16　西尾憲子「オーストラリアにおける修復的司法」藤本哲也編『諸外国の修復的司
　法』中央大学出版会，2004，pp. 203-205。

17　詳細は，柴田・前掲，吉田・前掲を参照

18　メディエーション教育を奨励する水野修次郎も，メディエーション教育を導入す
　るに際しては，学校管理者と 5 名程度の教員により，メディエーション教育の理解
　を深めて核づくりを行った上での実践を提起する（パネルディスカッション「メディ
　エーション教育への夢を語り合おう」「臨床と対話」研究グループ・前掲，p. 58）。
　ニュージーランドでも校長の理解の下，実践する重要性が指摘されている（ジョン・
　ウェンズレイド，マイケル・ウィリアムズ（綾城初穂訳）『いじめ・暴力に向き合う
　学校づくり—対立を修復し，学びに変えるナラティブ・アプローチ』新曜社，2016，
　pp. 54-55，110）。修復的実践を担う教職員の研修の必要性については，Amustut
　and Mullet, ibid, pp. 38-39 を参照。

19　Shaw, G. and Wierenga, A., 'Restorative practices：community conferencing pilot'
　Manuscript held at the Faculty of Education, University of Melbourne, 2002, pp. 17-
　24（https://www.varj.asn.au/Resources/Documents/02Vic_Schools_RestPract_Pi
　lot_Report.pdf, 2017 年 10 月 1 日閲覧）。

20　Morrison, ibid（*Restoring Safe School Communities*），pp. 197-200．

21　小玉重夫「学習過程の民主化と自治能力の養成—アメリカ合衆国における犯罪少
　年処遇の改革（ティーンコート）に着目して」『慶應義塾大学教職課程センター年報』
　9 号，1998。シティズンシップ教育については，同『シティズンシップの教育思想』
　白澤社，2003 を参照。

第5章　IIRP の活動内容と修復的実践の研修

1．はじめに

　2010 年代は日本では少年法改正論議とともに，いじめが再び社会問題化され，2013 年にいじめ防止対策推進法を制定し，いじめに対して「法的統制」を図る新しい段階へと突入した。

　しかし，同法については，問題の当事者たる子どもの問題解決への参加の視点（解決主体としての子どもの視点）が弱いことが指摘されているように[1]，本来，いじめ等の問題行動でどのような被害が生じ，同じ問題を起さないために何をすべきかを被害者と加害者のみならず周囲（学級）とも共有し，被害者と加害者の事後支援を学級全体で担っていく教育的働きかけも必要と思われる。

　もっとも，問題行動の解決過程へ子ども（児童生徒）が参加するには，それを支える学校スタッフのファシリテートスキルが重要であり，「修復的実践のための国際組織（International Institute for Restorative Practices，以下，IIRP）」では，学校で修復的実践を進めるスキル研修の場を設けている。筆者は 2011 年 6 月に開催された第 14 回 IIRP 国際会議（於カナダハリファックス）に参加し，修復的実践を展開する上での教員向けのスキル研修を受講してきた。

　そこで，本章では IIRP の活動とスキル研修について概観した上で，いじめ等の問題行動対策に揺れる日本の学校教育において，修復的実践を進めていく課題について論じることとする。

66　第 5 章　IIRP の活動内容と修復的実践の研修

2．IIRP の活動概要

⑴　IIRP の沿革と実践プロジェクト

　1970 年代に被害者，加害者，コミュニティの当事者が犯罪解決過程に参加し，対話により各々のニーズを充足して壊れた関係性の回復を目指す修復的司法が北米で実践されて以降[2]，徐々に修復的司法の原理は教育や福祉領域等の暴力問題の解決にも応用され得るものと認識されていった。

　修復的司法の応用的な実践を概念化したのはアメリカの元公立中学校教師のワクテル（T. Wachtel）である。ワクテルは学校内の問題行動対応を模索する中，1977 年に妻のスーザンワクテル（S. Wachtel）と Community Service Foundation（以下，CSF）を設立し，CSF 運営の Buxmont Academy（オルタナティブスクール）で問題行動を起した子どもの立ち直り支援プロジェクトを開始した（1979 年には非行少年を持つ親を支援するプロジェクト TOUGHLOVE も設立）。

　1990 年代にはオーストラリアの修復的司法実践に学び，1994 年に CSF で提供するプログラムに修復的司法の考えを反映させた教育プロジェクトを Real Justice と名付け，1999 年には教員が学校風土を変容させて安心な学校を形成していくプロジェクトとして SaferSanerSchools も立ち上げた。同年には修復的司法の原理に基づく諸実践を国際的に共有すべく，ペンシルベニアに IIRP（本部）を設立するに至り（2000 年に NPO として正式に設立），修復的司法の原理を教育・福祉実践等へ応用する試みを「修復的実践」として概念化し，各国の実践研究の共有と実践スキルの研修機会を設けた[3]。

　また，上記の教育プロジェクトに加え，「家族福祉のプロジェクト（Family Power）」，「大学内の対人トラブルの調整プロジェクト（Building Campus Community）」，「デトロイト地区の修復的コミュニティづくりのプロジェクト（Toward a Restorative Community）」が設けられている[4]。

　2006 年には IIRP 本部に修復的実践を学ぶための修士課程を設け，教育，福祉，司法等の各領域での修復的実践の実習が行われ，各プロジェクトの動

向等について，本部より e-formu（メールマガジン）が発信されている。

⑵　IIRP 加盟国の拡大と修復的実践の国際共有

　IIRP で提供される各プロジェクトにはライセンスがあり，IIRP に加盟することで本部の支援を受けて実践が展開される。具体的には，実践に際して本部のトレーナーが配属され，各プロジェクトを担うための研修（Training）が実施される。現在，欧米圏では IIRP カナダ，IIRP ラテンアメリカが，ヨーロッパ圏ではイギリスを本部とする IIRP ヨーロッパが，オセアニア圏では IIRP オーストラリアが組織されている[5]。

　また，各国の修復的実践に関する研究交流の場として，IIRP 設立前の1998 年から概ね年 1 回（2001 年は未開催，2005 年に 2 回開催）の頻度で国際会議（World Conference）を加盟国で開催している[6]。同会議では事前会議（Pre conference）として，テーマごとの修復的実践の研修を設けており，本会議では全体シンポジウム（Plenary sessions）と自由報告（Break out sessions）が設けられ，加盟国以外の報告もされている。

　近時の国際会議では修復的実践を学ぶネットワーク構築に意識が払われ，2012 年からは年刊誌「修復的取組み（Restorative Works Magazine year in review）」（IIRP 発行）が刊行され[7]，各国の実践の共有を密にし，「修復的取組み」を学び合い，国際的に高めて行く段階へと至っている。

3．修復的スキルとなる「修復的問いかけ」と「フェアプロセス」

⑴　修復的実践の構造とスキル

　2000 年前後，修復的実践は校内暴力やいじめ等の問題において，加害者を出席停止や退学処分にする厳格な指導に代わり，教員やソーシャルワーカー等が問題に関係する被害者，加害者，関係者の対話を促しながら問題を解決していく実践と考えられていた。

68 第 5 章 IIRP の活動内容と修復的実践の研修

しかし，実践研究を重ねる中で問題行動が生じた際の実践に留まらず，対話の前提となる相互尊敬（respect）やエンパワーメント（empowerment），包摂（inclusion）といった修復的司法に付随する価値と共に対話のスキルを学ぶ教育の総称が修復的実践と認識されるに至った。

学校での修復的実践を開始するに際し，IIRP では各校のニーズに応じた教育プロジェクトの研修の受講を奨励・支援しつつ（初任者向け研修），実践の中で生じた困難事例の省察を通じ，より実践スキルを高めていく機会も支援している（中堅者向け研修）。

初任者向け研修では，先ず実践の前提として IIRP のトレーナーの講義から，「対話に参加する者は互いに敬意が払われる」，「一人一人が平等に発言力を持つ」，「対話は安全な環境の下で実施され，対話による問題行動の解決を通じて，問題が生じた環境（コミュニティ）をエンパワーメントしていく」等の修復的司法の原理・価値を学ぶ。

続いて，ファシリテーターが対話参加者の意見陳述を順に促し，全員の意見を聴く中で問題解決に向けた意見を集約し，参加者の共鳴を通じて学校コミュニティの関係性を強化していく「フェアプロセス（Fair Process）」を学び，サンプルの事例を素材に参加者同士でロールプレイを行ない，「修復的過程」を導くスキルの習得を目指す。

次に，問題行動をめぐる対話場面を取り上げ，「問題行動で何が生じたのか」，「なぜ自分が狙われたのか」，「問題行動を起こした際にどのように思っていたのか」，「被害者や周囲に対してどのように思っているのか」等の「修復的問いかけ（Restorative Questions）」を学び，同じくサンプルの事例を素材にロールプレイを通じて「修復的問いかけ」のスキル習得を目指す[8]。

このように，修復的実践は「相互尊敬」や「エンパワーメント」等の価値を基盤とする対話スキルを学校全体の教育活動を通じて学ぶ構造となっており，ホームルームや各教科等で対話（サークルミーティング）を重ねて対話風土を形成し，こうした日常の対話経験の蓄積から問題行動をめぐる対話が導かれる構造となっている。

3. 修復的スキルとなる「修復的問いかけ」と「フェアプロセス」 *69*

さらに，近年では修復的価値に基づいた対話を行う実践風土を，いかにして学校を超えてコミュニティに根付かせていくかが課題となっており，IIRPの国際会議においては，コミュニティ（町）全体に実践を根付かせることを目指した「修復的都市（Restorative City）」づくりの実践報告等もなされている[9]。

⑵ 修復的スキル研修の実際

2011年6月に開催された第14回 IIRP 国際会議〔The 14th World Conference of the International Institute for Restorative Practices in partnership with Nova Scotia Restorative Justice Community University Research Alliance (NSRJ-CURA)〕において，筆者は山辺恵理子氏とともに IIRP の提供するスキル研修を受講してきた。

同会議は6月15日から17日の3日間に渡って行われたが（世界各国から約530人の参加があった），それに先立ち，事前会議（Pre-Conference）として，修復的実践のためのスキルトレーニング（研修）が6月13日から14日の2日間行われた。

事前会議では，「修復的実践入門/効果的なサークルの活用法（Introduction to Restorative Practices/Using Circle Effectively）」，「修復的カンファレンスのファシリテートトレーニング（Facilitating Restorative Conferences Training）」，「重大な犯罪におけるカンファレンス（Conferencing for Serious Offenses：An Exploration）」の3つのプログラムが準備され，筆者は「修復的実践入門/効果的なサークルの活用法」に参加した。

同プログラムは，修復的実践を学校で導入する際の教員向けのスキルトレーニングであり，具体的には人間関係を促進するスキルの一つであるサークルミーティングを体験的に学ぶものであった（なお，参加者は30人程でアジア圏からの参加者は筆者と山辺氏の2名のみであった）。

プログラムのファシリテーターは，IIRP 本部の実践トレーニング統括であり，各国で研修トレーナーを担っているジョン・バリー（J. Barry）であった（2015年にワクテルを引継ぎ2代目 IIRP 代表に就任）。

初日 (13 日，8：30～15：30) は，先ず参加者の簡単な自己紹介の後，バリーから修復的実践プログラムの概要説明がなされた。

概要説明に際しては，修復的な指導を考える参考資料として，「Mary`s Story」という漫画風の資料が活用された。資料概要と指導の焦点化は次の通りである。

【概　要】
　ある日，マリーという名の子どもが道端で財布を拾い，財布を拾ったことを親に黙って自分の好きなものを買ってしまう。その後，近所の人が落とした財布であることが発覚し，マリーが親に申し出る。
【問題をめぐる 2 つの指導】
　上記の事態に対して 2 つの指導方法が紹介される。一つはマリーを一方的に叱る指導であり，もう一つは，マリーと財布を落とした近所の人を対面させ，近所の人の言葉から，財布を落とし且つ近所の子どもにお金が使われたことでどのように思ったのか等を直面化させ，自ら行った行為と向き合わせる指導である。
　ここでは，2 つの指導の対比がなされ，例えば，親 (大人) が罰としてマリーを部屋に閉じ込めるような指導をしても，マリーは閉じ込められた部屋で遊んでしまうこともあり，一方的に叱る指導よりも，修復的な指導が有効であることが指摘された。

　この概要説明を踏まえ，修復的実践を実際に導入している学校のドキュメンタリー映像 (Beyond Zero Tolerance Video，販売元 IIRP) を通じて，円になって話し合いを行うサークルミーティングの実践場面を視聴した。

　その後，サークルミーティングで生徒同士がオープンに話し合うことを促進する教員のファシリテートスキルに焦点が当てられ，話し合いの中で特定の者だけの発言に偏らないための「フェアプロセス」や，生徒同士の発言をさらに深めていく「修復的問いかけ」が取り上げられた[10]。

　2 日目 (14 日，8：30～15：30) は初日の修復的実践の概論を踏まえた上で，参加者を 3 つのグループに分け，学級内で生じるいじめ，暴力により生じたけが等，具体的なシナリオに即してロールプレイを行い，フェアプロセスを担保しながら，どのように「修復的問いかけ」を活用していくかトレーニングを行った。

ロールプレイの場面では，フェアプロセスを担保する象徴として，トーキングピース（発言者が羽を持つ）の慣習に習い，一つのボールをサークルの中で順番に回し，ボールを持った者が発言することが徹底された。日本的な感覚でいえば，これは「言葉（発言）」と「ボール」が参加者同士で交換され，まさに「会話のキャッチボール」のような印象であった。

最後にトレーニングの総仕上げとして，参加者の中から有志を募り，今現在，直面している人間関係の対立問題を実際に取り上げ，その問題に対するサークルミーティングを即興で行う「Fish Bowel Circle」というプログラムを行った[11]。

以上が2日間のトレーニングの概要であり，2日目の最後には，参加者一人一人に本プログラムの受講修了書が配布された。

4．修復的実践に日本が学ぶもの

⑴ 「対話する関係性」とアクティブ・ラーニング

従来，修復的実践は問題行動が生じた際の対応として関心が示されてきたが，IIRP では未然予防段階にあたる日常の学級活動等での「対話する関係性」づくりに力点を置いており，その具体的方法としてサークルミーティング，トーキングピース等が活用されている。

また，修復的実践のプログラムといえば，即座にロールプレイと考えられがちであるが，Mary`s Story のような教材を活用したプログラムであれば，「道徳の時間」や「総合的な学習の時間」等の現行の授業科目でも実践可能であろう。つまり，修復的実践は外国発の何か新しい教育方法を提案するというよりは，むしろ，既存のカリキュラムを活用しながら，相互対話の機会を意識的に設けていく一つの試みと位置づけられよう。

ただし，IIRP 国際会議に参加する中で，日本にいるとき以上に，日本文化というものを意識することもあり，例えば，近時の生徒文化に目を向けてみても，「KY（空気を読めない）」という言葉に表出されるように，本音でコミュ

ニケーションを取ることを回避しつつ,「その場の空気感」を巧みに感じ取って行動する高度なコミュニケーションツールが生徒達に重く圧し掛かっていることも指摘されている[12]。

こうした現実と照らした場合,教材を活用したプログラムにせよ,ロールプレイにせよ,相互の対話を基盤とする教育実践は日本の学校文化においては敷居が高いかもしれない。

しかし,理論上は,「空気を読み合い本音を言えない」学校文化こそが不正義状況にあるといえ,こうした学校文化に切り込む教育方法として,修復的正義の原理に基づく修復的実践の意義が見出される。

さらに,より実践的にはトーキングピース等を活用して生徒同士が積極的に発言していくことは,近時の学校で求められる「アクティブ・ラーニング」の要請にも合致し,グローバル時代を担う次世代の子ども達に国際感覚を養い,円滑なコミュニケーション力を育成すべきとの要請にも合致するといえよう。

(2) 問題行動ケースの担い手と「チーム学校」での実践可能性

受講した研修は教員向けのプログラムであったため,「対話する関係性」を育む教員スキルが焦点化された。

図2(4章)の修復的実践の連続構造に即せば,第一水準の学級活動での実践スキルであったが,他方で,第二水準,第三水準のような実際の問題行動が生じた際のカンファレンスは,誰がどのような手続きで準備するのか,あるいは問題行動の事実認定は誰が行うのか等,やや不鮮明で疑問に感じる側面もあった。

この点については,各校によって事情は異なるのであろうが,例えば,学級内で生じた暴力問題については,スクールカウンセラーやスクールソーシャルワーカーが活用されることも期待され,ニュージーランドのアンダーカバーチームスのように,カウンセラーが被害生徒のニーズを聴き取りながら,被害生徒が希望する級友とともにいじめ問題に取り組む事例もある[13]。

いじめ，校内暴力等，学級内での具体的な問題行動ケースをめぐる対話を実施する場合は，当然ながら，先ずはいかなる状況から問題行動が生じたのか，被害生徒と加害生徒とはどのような関係にあり，学級集団はそれをいかに見ていたのか，学校内外を含めて加害生徒の生活態度はいかなる状況であったのか等，種々の情報を集め，問題が浮上した背景をアセスメントすることが求められる（2章）。

日本においては，山下英三郎が既にコンフリクトが生じているケースについてはスクールソーシャルワーカーの活用を提案しているように[14]，問題行動ケースを対象とする修復的実践については，教員とスクールカウンセラー，スクールソーシャルワーカー等との多職種との連携による「チーム学校」体制の下で実践を検討していくことが課題となる。

(3) 暴力予防に向けた学校自治の形成

修復的実践の国際動向を見た場合，学校を超えて修復的価値に基づいた対話文化をコミュニティと接続させ，根付かせていくことも求められている。

日本でいえば，学校を超えてより大きな構想としてコミュニティ全体にアプローチしていく視点は，子ども参加や住民参加を軸とする「子ども参加型学校づくり」や「地域に根ざした学校づくり」，教育の公共性を軸とする「学び合う共同体」の議論に結合していく[15]。

もっとも，日本の先行実践と修復的実践との関係を示せば，日本の実践では主に学校運営への子ども参加・住民参加，教員の授業実践の省察等の観点から学校自治の方途が描かれてきたのに対し，修復的実践は暴力予防や紛争解決という観点から学校自治の方途を描いている実践といえる。換言すれば，学校自治の形成という目的をどの角度からアプローチするかの違いはあるものの，その目的は共通し，学校自治を育む実践の一環として修復的実践は位置づけられる。

いじめ防止対策推進法では出席停止等の懲罰的側面に力点が置かれているのに対し，学校内の相互関係を発達させて対話による学校自治の形成を目指

す修復的実践は，問題行動の解決過程において生徒参加を促し，問題解決過程自体が教育であることを再認識させる実践といえ，暴力関係を否定して対話による実践風土の形成を目指す点では，いじめと共に問題化した教員の体罰を抑制する効果も期待できるように思われる。

[1]　子どもの権利条約総合研究所・いじめ問題検討チーム「いじめ防止対策推進法の制定と実施上の課題」『子どもの権利研究』23 号，2013，p. 5。

[2]　H. ゼア（西村春夫・細井洋子・高橋則夫監訳）『修復的司法とは何か―応報から関係修復へ』新泉社，2003，pp. 3-9。

[3]　IIRP の沿革は，https://csfbuxmont.org/us/（2017 年 10 月 1 日閲覧），T. ワクテル（山本英政訳）『リアルジャスティス―修復的司法の挑戦』成文堂，2005，pp. 152-154 を参照。

[4]　各プロジェクトは，http://www.iirp.edu/projects.php を参照（2017 年 10 月 1 日閲覧）。なお，以前は「企業の対人関係づくりのプロジェクト（Good Company）」，「学校を基盤として関連機関をつないでいく修復的領域プロジェクト（School-based Restorative Zones）」も存在していたが，現在は終了したようである。

[5]　加盟国は，https://www.iirp.edu/who-we-are/about-the-iirp/about-us を参照（2017 年 10 月 1 日閲覧）。以前は，アジア圏ではシンガポールが IIRP に加入していたが，現在は加盟国から外れており，独自に Restorative Practice Singapore が設立され，海外からのトレーナーとして，オーストラリアの学校の修復的実践のプロパーであるヴィネグラッド（D. Vinegrad）を迎えている（http://www.rpsingapore.org/，2017 年 10 月 1 日閲覧）。

[6]　開催国は，https://www.iirp.edu/education-programs/conferences-symposia を参照（2017 年 10 月 1 日閲覧）。

[7]　https://www.iirp.edu/what-we-do/restorative-works-magazine を参照（2017 年 10 月 1 日閲覧）。

[8]　修復的問いかけ等については，Wachtel, T., Defining Restorative, 2013 を参照（https://www.iirp.edu/what-we-do/what-is-restorative-practices/defining-restorative, 2017 年 10 月 1 日閲覧）。

[9]　山辺恵理子「『修復であること』という目標が学校にもたらし得るもの」『共生と修復』1 号，2011 を参照。

[10]　研修では Costello, B, Wachtel, J & Wachtel, T., *The Restorative Practices Handbook for Teachers, Disciplinarians and Administrators*, IIRP, 2009, Costello, B, Wachtel, J & Wachtel, T., *Restorative Circle in Schools：Building Community and Enhancing Learning*, IIRP, 2010 が教科書として使用された。なお，IIRP との関連

記述ではないが，山下英三郎「わが国における修復的対話：課題と展望」同編『修復的アプローチ：海外での取り組み報告書』日本社会事業大学，2011，p. 111 でも「修復的問いかけ」の写真が紹介されている。

[11] Fish Bowel Circle については，Costello, Wachtel, & Wachtel, ibid (2010), pp34-36.

[12] 土井隆義『友だち地獄―「空気を読む」世代のサバイバル』筑摩書房，2008 を参照。

[13] ジョン・ウィンズレイド，マイケル・ウィリアムズ（綾城初穂訳）『いじめ・暴力に向き合う学校づくり―対立を修復し，学びに変えるナラティブ・アプローチ』新曜社，2016 を参照。

[14] 山下英三郎『修復的アプローチとソーシャルワーク―調和的な関係構築への手がかり』明石書店，2012，p. 191。

[15] 喜多明人編『現代学校改革と子どもの参加の権利―子ども参加型学校共同体の確立をめざして』学文社，2004，佐伯胖・藤田英典・佐藤学編『学び合う共同体』東京大学出版会，1996 等を参照。

第6章　修復的実践と道徳性の発達

1．はじめに

　昨今，「誰でも良かった」という理由で重大事件を起こすケースがいくつか見られ，その後の供述で，加害者は日常生活で対話できる友人が少なく，インターネットの掲示板で自己の存在を確認していたことが判明することが少なくない。犯罪学では，メディアの報道を活用して自分の存在を世間にアピールする犯罪を「劇場型犯罪」と呼んでいる。

　こうした事件が生じた後，加害者の日頃からの対人関係の形成能力の乏しさが指摘され，精神病理が確認されるかどうか精神鑑定へと関心が移っていく。その後，なぜ犯罪を通じて自分の存在をアピールしなければならなかったのか，自分の起こした行為といかに向き合わせていくかという視点は後退し，加害者には厳罰を求め，将来の犯罪予防のために，学校教育では規範意識を育むための道徳教育に熱が入れられる（2章）。

　しかし，そもそも，「誰でもよかった」との理由で問題行動を起こす少年に対しては，厳しい処罰やあるべき規範を一方的に示していくよりも，問題行動が被害者や周囲に対してどのような影響を及ぼしたのか，他者の立場に立って物事を捉える感覚を育むことが求められ，加害少年自らが自分の行為と向き合うことを促す教育的働きかけが問われる。

　こうした課題を踏まえた場合，問題行動を法や規則への「違反」としてではなく，人間関係への「害悪」として捉え，被害者と加害者とコミュニティとで対話していく修復的実践では，他者への共感性や道徳的葛藤を経由した道徳性の発達が期待できる。

78　第 6 章　修復的実践と道徳性の発達

　そこで，本章では，問題行動ケースで修復的実践を試みる意義を道徳性の発達の観点から考察し，日本の学校教育において修復的実践がいかに位置づけられるのかを論じていく。

2．修復的実践の対話過程における道徳的葛藤

(1)　再統合的恥付けの条件設定と応答責任

　修復的司法を実践にするに際しては，対話に至るまでの事前準備の重要性が何よりも強調されるように[1]，学校での問題行動ケースでの修復的実践でも，ケースを担当する学校スタッフが被害生徒，加害生徒それぞれのニーズの聴き取り等を行い，入念に対話の準備が進められる。

　こうした事前準備を経てなされる修復的実践での対話場面では，加害生徒にとっては，「重要な他者（significant others）」となる級友や家族等の支援を受けながら被害生徒と対面するため，加害生徒は自分の支援者の態度を知り，一方で被害者の苦しみを知ることとなる。この過程で加害生徒は自分の行為の言い逃れではなく，被害者，支援者の両者に迷惑をかけたという行為への「恥」が導き出され，自発的な謝罪と更生が導き出され得る。

　この点を説明したのがブレイスウェイト（J. Braithwaite）であり，修復的司法の実践過程は刑事裁判で加害者（被告）が裁判官に代表される「一般化された他者（generalized others）」から法律に違反した「犯罪者」と一方的にラベリングされる過程とは異なり，加害者にとって「重要な他者」となる人々が参加した中での対話を踏まえ，加害者自らが自身を恥じ，今後，被害を回復させていく上で果たすべき責任を自覚させる過程となっており，これを「再統合的恥付け理論（Theory of Reintegrative Shaming）」と命名した[2]。

　犯罪学ではハーシ（T. Hirschi）が「社会的紐帯理論（Social Bond Theory）」の中で，「重要な他者」への愛着が犯罪抑止の一要素であると提唱しているが[3]，再統合的恥付け理論は犯行時に弱くなっていた「重要な他者」の存在感を，「重要な他者」との対話の中で回復させていくアプローチであることがわかる。

2. 修復的実践の対話過程における道徳的葛藤　*79*

　また，ブレイスウェイトは再統合的恥付けをコミュニティ規範と結合させて行うことの重要性を指摘しており，責任執行過程に焦点を当てた「応答責任」論を主張する瀧川裕英も，応答責任成立の重要な要素として第三者の存在を挙げている[4]。

　一方で，コミュニティ・ジャスティスのように，伝統的な村社会での話し合いによる紛争解決においては，村の権威者の意向により紛争解決がなされる問題点も指摘されてきたため，ジョンストン（G. Jhonstone）は修復的司法の対話過程の中にコミュニティの偏見が入り込まないように警告をしており[5]，謝罪を促す場面における対話への第三者（コミュニティ）の介入を懸念する見方もある[6]。

　これらの懸念を見た場合，修復的司法の対話場面においては，対話参加者の文化的価値観等に基づき，一方的な判断を下さないためにも，ファシリテーターの中立性を担保して対話を進行することが前提となり，これらの条件が整った上でのコミュニティの参加・関与は，加害者が周囲へ与えた損害を回復するために，自ら果たしていくべき「応答責任（修復責任）」を自覚させる上で重要な要素となる。

　とりわけ，学校内においては，いじめや校内暴力等の問題行動ケースの対話を被害生徒，加害生徒間のみならず，両者を取り巻く「第三者としての学級コミュニティ」に開き，問題の再発と二次被害を予防していく教育的意義は大きいと考えられる。

(2)　道徳的葛藤を経由した再統合的恥付け

　犯罪社会学では再統合的恥付け理論は，逸脱者をいかにして社会へ再統合していくのかという社会的コントロール理論の系譜で捉えられているが[7]，再統合的恥付けの意義を発達心理学レベルで捉えた場合，道徳的葛藤を経由させた道徳的判断に注目したコールバーグ（L. Kohlberg）の道徳性の発達理論との関連性が注目される。

　周知のように，コールバーグの道徳性の発達理論は様々な論争を生み，そ

れに応じて修正されるが[8]，一貫して主張されるのは，道徳的葛藤を経由した「他者の役割取得（role taking）」を積み重ねることで，正義（justice）の推論に基づく発達段階（3水準6段階）に沿って認知構造が質的に変化し，道徳性が発達するという点である。

　こうしたコールバーグ理論を再統合的恥付けと関連付けて考察した場合，「重要な他者」に囲まれた親密圏の中で被害者感情を聴き，加害者の内面に＜問題行為の正当化＞と＜被害者や周囲へ迷惑をかけたこと＞との道徳的葛藤が誘発される部分が注目され，再統合的恥付け過程では，被害者や支援者等の「他者の役割取得」を通じて，自ら果たすべき「応答責任」が導き出されることが読み取れる[9]。

　また，コミュニティとして位置づく学級メンバーが参加するような対話においては，学級メンバーに対して，問題行動を抑止することができなかった学級環境（コミュニティ）のあり方を再考させる契機となり，対話へ参加した個々人の道徳性の発達を促しながら，学級環境を再構築していく構造となっている[10]。すなわち，修復的実践は個々人と学級集団をエンパワーメントしていく実践といえる。

3．修復的実践と道徳教育

⑴　学校教育全体を通じた道徳教育の一部としての修復的実践

　修復的実践は道徳性の発達を促進し得るという理論的分析とともに，学校の教育構造においていかなる位置づけにあるのかという構造的分析も求められる。

　諸外国では学校における修復的実践については，問題行動の未然予防から事後対応までを射程とした学校全体でのアプローチ（whole school approach）が主流となってきており，修復的価値と修復的スキルを学びながら道徳性の発達が促進される構造にあると説明できる。

　もっとも，日本ではそもそも修復的司法の理念に基づいて学校全体を通じ

た修復的実践を展開している学校は皆無である。

　しかし，「道徳の時間」に注目した場合，学習指導要領上は，道徳的心情，道徳的判断力，道徳的実践意欲，道徳的態度等が相互に関連して構成される道徳性の発達を促進していく上では，ホームルームや学校行事等の特別活動や教科教育等と関連付けることが求められ[11]，道徳教育は「道徳の時間」を要として学校の教育活動全体において取り組まれるものとされてきた。

　周知のように，「道徳の時間」は小学校では 2018 年から，中学校では 2019 年から「特別の教科　道徳科」として格上げされ全面実施予定であるが，道徳が教科化されても学校全体で道徳教育を実施する考え方は引き継がれており（文部科学省「小学校学習指導要領解説　特別の教科　道徳編」2017．p. 4．同「中学校学習指導要領解説　特別の教科　道徳編」2017．p. 4），さしあたり，日本では学校の教育活動全体で取り組まれる道徳教育の一部に修復的実践が位置づけられるといえる。

　ここで課題となるのが，諸外国のように「修復的実践」という考え方が必ずしも浸透していない日本では，「道徳の時間」や「総合的な学習の時間」等で修復的実践という考え方を問題行動の予防教育として教えていくのか，それとも，学級内で具体的な問題行動が生じた際に事後支援として修復的実践のような取り組みを行っていくかであろう。

　結論を先に示せば，両者の発想が必要であり，その際，参考となるのが，コールバーグが 1970 年代後半から取り組んだ，参加型民主主義を理念とする「正義の学校共同体（just community）」である。ジャスト・コミュニティでは，生徒が日常の学級活動での対話から民主主義の基本原理を学び，そこでの対話の慣習を活かし，学校内で生じた問題行動への対応においても，全員参加で討議していく構造となっており[12]，学校の教育活動全体を通じた道徳教育の先進事例としてばかりでなく，学校全体を通じた修復的実践の教育構造とも類似している点も注目される（7章）。

⑵　日本の学校教育で修復的実践の要素を取り入れる場面

　欧米諸国では多様な人種，民族，宗教を背景に持つ子どもが同じ学校に通っ

82　第6章　修復的実践と道徳性の発達

ているため，文化的価値観から生じる衝突，紛争が問題となり，平和的に紛争解決するための教育（conflict resolution）が様々な形で実践されており，修復的実践もその一つといえる[13]。

　当然ながら，日本では学校スタッフが「修復的実践のための国際組織（International Institute for Restorative Practices，以下，IIRP）」のような職能団体の研修を受講して修復的実践の理念を体系的に学び実践することは難しいが，現行のカリキュラムの中でも修復的実践の原理やスキルを教える機会がないわけでもない。

　例えば，いじめやけんか等の場面を設定し，ロールプレイを通じて修復的実践のような対話による問題解決方法を教えることは可能である。実際，既にADR（Alternative Dispute Resolution，裁判外紛争処理手続き）の考え方に基づき，ロールプレイを通じて，対立へのかかわり方を学んでいくプログラムはNPOシヴィルプロネット関西や一般社団法人メディエーションズ等の出前型講義で実践されている[14]。

　また，モラルジレンマ資料を生かした授業でも，いじめやけんかの何が問題であったか討論する中で，修復的実践の考え方が自発的に浮上してくる可能性もあるだろう。

4．修復的スキル研修の課題

　少年司法で修復的司法の実践が足踏みしている日本では，司法から教育に修復的実践を応用する構図ではなく，他者の役割取得に基づく道徳性の発達の促進という観点に基づき，教育領域で修復的実践を展開していくことも一案ではないだろうか。

　ただし，日本では修復的司法は被害者を加害者の更生の道具として利用するもの，結果として和解を強要するもの等，様々な誤解を招き，諸外国でも学校の教員が修復的司法を誤って認識しているという調査結果があることを踏まえれば（4章），学校の修復的実践においても，実践を担う学校スタッフ

4．修復的スキル研修の課題　*83*

がある程度，修復的司法の理念や対話を進行するスキルを理解することが求められる。

　IIRP に加盟していない日本では，例えば，修復的司法を実践している NPO 対話の会がいじめ問題への「修復的サークル」の応用的活用を提言しているように，対話の会や NPO 修復的対話フォーラムの研修において，修復的スキルを習得することは十分可能であり[15]，諸外国と同様にその研修予算をどのように確保するかが次なる課題であろう。

---

[1]　N.J. グッド・D.L. ガスタフソン（竹原幸太訳）「暴力発生後の協働―ソーシャルワークと修復的実践」E. ベック・N.P. クロフ・P.B. レオナルド編（林浩康監訳）『ソーシャルワークと修復的正義―癒やしと回復をもたらす対話，調停，和解のための理論と実践』明石書店，2012，pp. 363-367。

[2]　Braithwaite, J., *Crime, Shame and Reintegration*, Cambridge University Press, 1989.

[3]　T. ハーシ（森田洋司・清水新二監訳）『非行の原因―家庭・学校・社会のつながりを求めて』文化書房博文社，1995，pp. 8-9。西村春夫は「重要な他者」となる家族が貧困の場合，窃盗を促すこともあり得ると指摘するが，この場合，後述する正義の推論に基づく道徳的判断力が問題となる。西村の指摘は，西村春夫・岩佐壽夫・加藤直隆他編『少年非行を見る目に確かさを』成文堂，2004，pp. 35-36 を参照。

[4]　瀧川裕英『責任の意味と制度―負担から応答へ』勁草書房，2003，pp. 156-158。修復的司法との関連で責任論を論じたものとして，前原宏一「修復的司法の動向 4　ジョン・ブレイスウェイト，デクレーン・ロッチェ『責任と修復的司法』」『法律時報』75 巻 2 号，2003，高橋則夫『対話による紛争解決―修復的司法の展開』成文堂，2007，pp. 46-58。

[5]　G. ジョンストン（西村春夫監訳）『修復司法の根本を問う』成文堂，2006，p. 34。コミュニティ・ジャスティスの問題点は，高橋・前掲，pp. 110-112 も参照。

[6]　Tavuchis, N., *Mea Culpa : A Sociology of Apology and Reconciliation*, Stanford University Press, 1991, pp. 41-51。

[7]　宝月誠『逸脱とコントロールの社会学―社会病理学を超えて』有斐閣，2004，p. 97。

[8]　L. コールバーグ・C. レバイン・A. ヒューアー（片瀬一男・高橋征仁訳）『道徳性の発達段階―コールバーグ理論をめぐる論争への回答』新曜社，1992 を参照。

[9]　再統合的恥づけの機能を謝罪，赦しと関連させて論じているものとして，ジョンストン・前掲，pp. 137-163，徳岡秀雄「少年司法における恥と謝罪の意義」『犯罪と

84 第 6 章 修復的実践と道徳性の発達

非行』127 号，2001 を参照。

[10] この点は，ジョンストン・前掲，pp. 173-181 を参照。

[11] 大西文行『道徳性形成論—新しい価値の創造』放送大学教育振興会，2003，pp. 162-168。

[12] 加賀裕郎「モラル・ディレンマからジャスト・コミュニティへ」佐野安仁・吉田謙二編『コールバーグ理論の基底』世界思想社，1993，pp. 74-75。

[13] アメリカの衝突解決教育プログラムを紹介しているものとして，R. ローレンス（平野裕二訳）『学校犯罪と少年非行—アメリカの現場からの警告と提言』日本評論社，1999，pp. 300-345，船木正文「暴力予防と子どもの権利・責任—アメリカの衝突解決教育から学ぶ」『季刊教育法』No. 125，2000 等を参照。大西文行は道徳性の発達の一要因として同輩集団を取り上げ，ピアサポートの意義を論じている（大西・前掲，pp. 181-198 を参照）。

[14] 津田尚廣「ピア・メディエーションへの取り組み」日本子どもを守る会編『子ども白書 2008』草土文化，2008，p. 89，田中圭子・山本このみ「学校授業におけるピア・メディエーションプログラムの実践と課題—子どもたちへの『対立』へのかかわり方プログラム」『共生と修復』4 号，2014，pp. 18-21。これらの出前型講義は，「道徳の時間」や「総合的な学習の時間」に活用されることが多いようである。

[15] 山田由紀子『少年非行と修復的司法—被害者と加害者の対話がもたらすもの』新科学出版社，2016，pp. 70-74。修復的対話フォーラムについては，https://ja-jp. facebook.com/RestorativeJusticeForum/を参照（2017 年 10 月 1 日閲覧）。

第7章 ジャスト・コミュニティと修復的実践の比較検討——アメリカ教育史的観点から

1. はじめに

　戦後の日本の道徳教育は，1958年「道徳の時間」特設以降，一貫して学校全体を通じた実践が目指され，小・中学校の学習指導要領道徳編（2017）でも「道徳の時間」を要として，他教科と連関させ，「学校の教育活動全体を通じて」道徳教育を行うこととしてきた。そして，近時，賛否があるものの道徳を「特別な時間」から「特別な教科」へと格上げすることが決定された。

　そもそも道徳教育をめぐっては，「道徳は教えられるか」という根本的問いもなされてきたが[1]，実践上は「教えること」に加え，学校生活場面で他者への共感や集団規範を具体的に「経験して学ぶ」ことを意識化した実践モデルが必要であるという点でほぼ同意を得てきた。そこで，各教科や地域体験授業等を連関させ，子どもの主体性を促す「総合単元的道徳学習」も提起されたが[2]，未だ道徳教育の展開をめぐっては不鮮明な側面もあり，実践展開を支える要素の析出には至っていない。

　こうした状況を見た場合，「学校の教育活動全体」を通じて子どもの成長発達を促進している先駆的実践に注目し，そうした実践から道徳教育へのいかなる示唆を得ることができるか考えてみることも必要ではないだろうか。

　これまで学校全体を通じた道徳教育の先駆的実践として，生徒の対話と学校参加を重視し，学校コミュニティの形成と道徳性の発達促進を目指してアメリカで実践されたコールバーグ（L. Kohlberg）の「正義の学校共同体（Just Community Approach）」が注目されてきた。

　日本では1980年代半ばから，永野重史らを中心としてコールバーグの「道

徳性の発達段階と連続性（Stage and Sequence）」(1969)，「『である』から『べきである』へ（From is to Ought）」(1971) 等の主要論文が翻訳され[3]，荒木紀幸ら兵庫教育大学の研究グループにより，道徳教育方法としてモラルジレンマが紹介，実践されてきた[4]。

1990 年代には「コールバーグ理論をめぐる論争への回答（Moral Stage：A Current Formulation and Response to Critics）」(1983) の翻訳とともに，コールバーグの思想研究においてモラルジレンマからジャスト・コミュニティへの変遷過程が明らかにされ[5]，ジャスト・コミュニティに見る学校改革論や共同体概念，いじめ等の問題行動の抑制について考察する研究も現れた[6]。

2000 年代には荒木寿友がジャスト・コミュニティにおける教師の傾聴や唱導等の役割について分析を進め[7]，生徒側から表明されるジャスト・コミュニティへの不満の声の意味づけから，道徳性の発達評価とは異なる実践評価の視点が芽生えたことも紹介された[8]。そして，近年では小林将太がドイツのジャスト・コミュニティの発展的試みを紹介しつつ，コールバーグの発達段階の枠組を自我論と関連付け，ジャスト・コミュニティの授業を生徒の現実生活に切り込むものとして考察を深めている[9]。

このようにジャスト・コミュニティ実践の再検討が活発化しているが，コールバーグの死後，1980 年代後半以降にジャスト・コミュニティが衰退していく事実を見た場合，学校全体を通じて生徒の対話や参加を促す実践を継続させる要素とは何かを析出することも検討課題となるだろう。

ジャスト・コミュニティが衰退した後，1990 年代後半より，刑事司法で展開されていた「修復的正義（Restorative Justice）」の原理に学び，懲罰的な生徒指導に代替する対応として，被害者，加害者，学級集団の 3 者が対話を試み，人間関係を強化しながら，問題行動が生じにくい学校コミュニティを作り上げていく「修復的実践（Restorative Practices）」がペンシルベニアやミネソタ等で浮上してきた動きは注目に値する。

そこで，本章では学校全体での対話と参加を基盤とした学校コミュニティ形成の先駆的実践としてジャスト・コミュニティと修復的実践に注目し，ア

メリカ教育史的観点からの比較検討を通じて対話や参加を基盤とする実践の展開要素を析出し，学校全体を通じた道徳教育への示唆を論じていく。

2．アメリカ教育史として見たジャスト・コミュニティと修復的実践の連関性

⑴　プラグマティズムとジャスト・コミュニティ

アメリカ教育史として見た場合，ジャスト・コミュニティは1970年代から1980年代にかけて，「正義 (justice)」と「ケア (care)」の原理をつないだ実践として展開され，心理学研究を超えて道徳哲学研究でも学際的に注目された[10]。

道徳哲学分野でも注目されたのは，アメリカの社会状況を目の前にして，コールバーグがプラグマティズムの継承者として教育問題に取り組んだ姿勢がかかわっている。

コールバーグが本格的に道徳性心理学に着手した1960年代から1970年代は，アメリカでは政治をはじめ様々な分野で制度の正当性が喪失した時代といわれるが[11]，こうした状況の中で，現実社会の問題解決を目指すプラグマティズムの視点が研究上再評価された。

コールバーグ自身も時代遅れとみなされていたプラグマティズムの議論を再展開することを意図しており，少年刑事政策でもベッカー (H. Becker) らネオ・シカゴ学派の社会学者達が提起したラベリング論が応用され，非行少年への不介入政策が実験的に展開された[12]。同時期の学校では，ウォーターゲート事件や公民権運動等の社会混乱に伴う非行，校内暴力の増加への現実的対応が求められ，コールバーグも初期に提唱したモラルジレンマを行う対話環境の揺らぎに直面し，学校コミュニティの道徳的雰囲気 (Moral atmosphere) に目を向け，より実践的な教育方法を再検討した。

そこで，デューイ (J. Dewey) のシカゴ大学付属実験学校の試みにもヒントを得つつ，人種差別や貧困等，不正義に満ちた社会を民主主義に貫かれた社

88   第7章　ジャスト・コミュニティと修復的実践の比較検討

会に転換すべく，その可能性を「社会の縮図」である学校に求めてジャスト・コミュニティを考案・実践した[13]。つまり，ジャスト・コミュニティは架空のストーリーを活用したモラルジレンマの限界性を痛感し，より実践的に学校や社会の諸問題を解決する力の育成を目指したコールバーグのプラグマティックな問題関心が基底となっていた。

(2) 実証研究の台頭とジャスト・コミュニティの衰退

　プラグマティックな観点も反映された1960年代から1970年代の少年司法実践，教育実践は挑戦的なものであったが，結果的には非行や校内暴力は減少せず，むしろ増加して政策の実証性が見られないとの批判が生じた。これは，プラグマティズムの観点は主観的方法論に過ぎず，客観的な実証性に欠けるとの批判の再浮上ともなった[14]。

　そのため，続く1980年代は治安をめぐる刑事政策では「正当な刑罰（Just Desert）」論が賛同され，厳罰化政策に方向転換し[15]，1990年代には「割れ窓理論（Broken Windows Theory）」を根拠に，小さな犯罪も見逃さないゼロ・トレランス（Zero Torelance）が叫ばれ，学校内でも早期に問題生徒を発見する生徒指導として導入されていった（3章）。

　当然，ジャスト・コミュニティにも批判が寄せられた。ライマー（J. Reimer）らは，対話を促す教師の「教育方法」の研修が不十分であったことを課題の一つに挙げており，実践上は1987年のコールバーグ他界とともにジャスト・コミュニティは衰退傾向を示した[16]。その後，ジャスト・コミュニティの要素は学校内の部分的討議プログラムとして一部の学校に継承されていき，コールバーグの共同研究者セルマン（R. Selman）の共感性に焦点を当てたVLF（Voice of Love and Freedom）等の心理プログラムが開発されていった[17]。

　一方，研究上はネオコールバーグ学派（Neo Kohlbergian approach）と呼ばれる世代が，コールバーグ理論で曖昧であった道徳的判断と感情・情動との関係の考察を進め，脳科学に接近して記憶と道徳的判断の因果関係等にアプローチする実証研究へと進んでいった[18]。

2. アメリカ教育史として見たジャスト・コミュニティと修復的実践の連関性　*89*

これらをアメリカ教育史として見た場合，ジャスト・コミュニティは道徳性発達を促す教育方法として継承されたが，学校全体を通じて対話や参加を設け，その経験から民主主義を実現していこうとする哲学的観点からの実践観は後退したといえる。

さらに，マクロ的視点から見れば，ジャスト・コミュニティはプラグマティズムの伝統を引くコールバーグの挑戦的実践でもあったが，その実証性が見られず，実証研究の時代要求とともに衰退していった側面もある。

(3) 「正義」を理念とする学校コミュニティ形成の再燃

ジャスト・コミュニティが衰退していく中で，1990年代後半に刑事司法で隆盛した「修復的正義」の理念を学校教育に応用し，生徒の相互対話を基盤に問題行動を抑止する学校コミュニティ形成を目指す修復的実践がペンシルベニアやミネソタ等で展開されてきた動きはアメリカ教育史的には興味深い動きである。

そもそも，刑事司法において修復的正義が叫ばれたのは，厳罰化政策は犯罪抑止の実証性が見られず，また，被害者や被害を受けたコミュニティは犯罪の当事者でありながらも，刑事裁判において蚊帳の外に置かれてきたことへの反省があった。

そこで，1970年代にメノナイト派の刑事政策学者ゼア（H.Zehr）らは，犯罪解決過程において被害者，加害者，コミュニティの当事者が参加し，対話により，各々のニーズを充足して壊れた関係を回復することで正義を実現し，「懲罰的排除」から「社会的包摂」を目指す修復的正義運動を展開してきた[19]。

修復的正義運動は徐々に世界的に拡大しつつ，その原理は，刑事司法上の問題のみならず，国際紛争や児童福祉，学校教育等における暴力問題の解決にも応用され得るものと認識されてきた。

こうした実践を組織化・概念化したのはアメリカの元公立中学校教師のワクテル（T.Wachtel）である。ワクテルは学校内の問題行動への対応を模索する中，オーストラリアの修復的正義運動にヒントを得て実践を試み，1999年

にはこうした実践を国際的に共有すべく，ペンシルベニアに NPO「修復的実践のための国際組織（International Institute for Restorative Practices，以下，IIRP）」を設立し（2000 年に NPO 法人化），修復的正義の原理を教育，福祉実践等へ応用する試みを「修復的実践」と概念化し，実践スキル研修の場を組織化した（5 章）。

学校教育における修復的実践に関しては，実践研究を重ねる中で次第に問題行動が生じた際の実践に留まらず，リコーナ（T. Lickona）の唱える人格教育（Characters Education）のように，対話の前提となる相互尊敬（respect）やエンパワーメント（empowerment），包摂（inclusion）等といった教育価値とともに対話のスキルを学ぶ教育の総称と考えられるようになり，近年ではホームルームや各教科の話し合い等にも応用されている。

⑷ 教育史的観点から見た修復的実践の意義

ワクテルはデューイの著作に目を通したことがあるというが，修復的実践を行う上での参考とはしておらず，あくまでも修復的実践は目の前の問題対応から導かれたものと説明している[20]。したがって，デューイの実験学校やジャスト・コミュニティを先行実践として参照したものでもなく，ジャスト・コミュニティと修復的実践に実践上ないし研究上の接点があるというわけではない。

しかし，アメリカ教育史として見た場合，1980 年代後半にジャスト・コミュニティが衰退する中で，教育実践上の要求から 1990 年代に「修復的正義」を理念に掲げ，教育方法として学校全体で対話を強調する実践が修復的実践として浮上した点はプラグマティックなジャスト・コミュニティに連関し得る動きとして見ることもでき，再度，対話や参加を基盤とした学校コミュニティ形成実践に光を当てる動きといえる。

とりわけ，1980 年代にプラグマティズムの観点を背景とするシカゴ学派の研究方法の批判から実証研究が台頭し，その後，再び実証研究に疑問が呈される中で 1990 年代に修復的実践がプラグマティックに浮上した点は，アメリカ教育史における「研究方法をめぐる時代精神の変遷」のようにも見える。

この点と関連して言えば，そもそも修復的正義は犯罪を法規範の違反ではなく，人間関係の害悪として捉え，刑事裁判で抜け落ちた当事者ニーズを汲む動き（＝ゼアの言う犯罪を捉えるレンズを換える動き）として1970年代以降に浮上し，こうした修復的正義運動の中で1990年代に修復的実践が学校で展開された。つまり，修復的実践は運動背景から見ても当事者ニーズに対応する性格を持ち，且つ実証研究から抜け落ちる当事者ニーズを汲む方法論が求められる時代背景にも合致して実践が進んだように思われる。

3．ジャスト・コミュニティと修復的実践における「教育価値」の位置づけと布置関係

(1) 実践構造・教育価値の類似性

アメリカ教育史の文脈においては，ジャスト・コミュニティと修復的実践の実践を支える思想は社会問題に対応するプラグマティックな性質を持っており，その共通性が確認される。また，両者は対話（ないし参加）を基盤に学校コミュニティを形成していく実践構造も類似しており，その共通点と相違点とは何かが問われる。

上述の通り，コールバーグはモラルジレンマを行う対話環境の揺らぎに直面し，学校コミュニティの道徳的雰囲気に目を向けジャスト・コミュニティを考案し，その際，デューイの実験学校における問題解決学習を促した生徒参加の実践を参考にした。

そして，実験学校の実践の失敗要因として，①参加が「人道主義的なお飾りの参加」に留まっていたこと，②参加討議が長く，退屈なものであったこと，③参加の訓練がない中で，「暴君政治」に堕落したことの3点を挙げ，その失敗を克服するため，日常的な生徒参加，教師と生徒の対等な関係の確立を徹底することとした[21]。

ジャスト・コミュニティの学校設立の「教育目的」は，学校コミュニティの諸問題を対話（討議）し，積極的な学校参加を通じてルールを作り，「正義」

の理念に貫かれたコミュニティを全員で作り上げる点である。

この「教育目的」に基づき，学校は生徒と教師が対等の権利をもつ直接民主主義に基づく共同社会として構成され，小規模な人数で対話する「コア・グループミーティング（Core Group Meeting）」，日常の悩み事を取り上げる「相談ミーティング（Advisor Meeting）」，各コア・グループから持ち寄られる議題を対話する「議題委員会（Agenda Committee）」，学校内の規律違反について対話する「公正委員会（Fairness Committee）」ないし「規律委員会（Discipline Committee）」，学校全体で規律違反について対話する「コミュニティ・ミーティング（Community Meeting）」を構造化したカリキュラムが構成されている[22]。

すなわち，ジャスト・コミュニティでは，他者との対話から生徒の学校参加へと架橋され，隠れたカリキュラム（hidden curriculum）として民主主義の経験が構造的に導かれる実践構造となっており，「正義」は「教育価値」というよりも，「機能」として位置づけられている[23]。

一方の修復的実践は当初，校内暴力やいじめ等の問題において，加害者を出席停止や退学処分にする厳格な指導に代わり，「修復的正義」の原理を活用し，問題をめぐる被害者と加害者との対話により問題を解決していく生徒指導実践と考えられた。

しかし，徐々に修復的正義に付随する教育価値とともに対話のスキルを学ぶ教育の総称と考えられるようになり，近時は学校全体を通じて対話を促進して相互関係を強化し，それぞれが尊敬される学校コミュニティの形成が修復的実践の「教育目的」とされ，問題行動の未然対応から事後対応までを射程とする連続的実践と認識されている[24]。

以上のように，ジャスト・コミュニティと修復的実践は，学校全体での対話（ないし参加）を通じて相互の人間関係を強化しながら学校コミュニティを形成する「教育目的」は共通している。

ただし，「教育目的」の背後仮説として，ジャスト・コミュニティでは対話を通じた「道徳性の発達」に力点を置くのに対し，修復的実践では対話を通じた生徒相互の関係性の構築と「問題行動の予防」に力点を置く相違点も確

認できる。

(2) 「発達の刺激としての対話」と「教育価値としての対話」

　改めてジャスト・コミュニティと修復的実践の「形式（実践構造）」を見た場合，「対話（または参加）」を重視する点は共通しているが，「対話」の位置づけは若干異なっており，ジャスト・コミュニティでは対話自体に価値を見出すというより，道徳性の発達の刺激として対話・参加が位置づけられているのに対し，修復的実践では対話自体に価値が見出されている。

　一般的にコールバーグの３水準６段階の道徳性の発達段階モデルは，ピアジェ（J. Piaget）の認知発達論に影響を受けたことから，心理学研究において序列的な発達論として紹介され，ノディングズ（N. Noddings）らはこうした発達段階論に批判を加えてきた[25]。

　しかし，晩年のコールバーグは道徳性の発達段階を序列ではなく，「人のものの見方（perspective）」を示すものと再提起し，他者の「ものの見方」の刺激を通じ，自己の「ものの見方」を客観視する場としてジャスト・コミュニティを考案しており，それを具体化する方法として，対話と対話の連続構造を通じた参加が「隠れたカリキュラム」として仕掛けられた。つまり，コールバーグは認知構造的には「他者理解（役割取得）」の上で「自己理解」が客観視されると捉え，対話を通じた社会的自我の形成の意義を見出し，それを道徳性の発達段階に反映させ，ハーバーマス（J. Habermas）のコミュニケーション論を援用するに至った[26]。

　もっとも，ジャスト・コミュニティでは対話や参加の経験を通じて道徳性を相互に刺激し，学校コミュニティの発達を期待する実践であるため，初めから何らかの教育価値を教えることはない。

　例えば，窃盗や暴行等の問題行動が生じた場合も，初めから「懲罰」を否定するわけではなく，相互対話（集団決議）を通じて「懲罰」を否定する考えが生じ得るものと解される（対話や参加により退学処分等の厳格な懲罰が導き出される可能性もある）。

一方，修復的実践での対話は初めから修復的正義の価値を継承しているため，「懲罰」を否定した上で対話が展開される。

また，両者の実践構造を見た場合，ジャスト・コミュニティでは修復的実践よりも対話の構造化は戦略的であり，最終的にはコミュニティ・ミーティングという「意思決定手続き」に生徒が「参加」する。つまり，ジャスト・コミュニティでは生徒懲戒をめぐる「共同の意思決定手続きとしての対話」も構造的に導かれており，一貫して道徳性の「認知的発達の刺激」として対話・参加が位置づけられている。

これに対し，修復的実践ではあくまでも対話の風土を形成すること自体に教育価値を見出しており，生徒懲戒等をめぐる「共同の意思決定手続き」として対話を活用する場合もあるが（3章），それは個々の学校に委ねられている。そのため，ジャスト・コミュニティに比べ，対話から学校参加を意識的に導く構造とはなっていない。

(3) 教師の役割の相違

「対話」と「参加」の位置づけの違いは，実践上の教師の役割の相違にも結びついており，ジャスト・コミュニティでは構造的な対話は学校参加を促し，それらを民主主義過程の「経験」としながら，生徒自治の育成に力点を置く。そのため，教師は対話を促進する「ファシリテーター (facilitator)」に加え，民主主義の価値を唱える「唱道者 (advocater)」の役割も付与されるものの[27]，それは，「他者の役割取得」となる認知的刺激の拡大としてであり，教師が価値を「教える」のではなく，最終判断はあくまでも子どもの「道徳的気づき (Moral awareness)」に委ねられることとなる[28]。

一方，修復的実践では相互尊重やエンパワーメント等の教育価値に即した対話スキルを「教える」教師側に力点を置く。そのため，教師はファシリテーターとしても位置づけられるが，対話の前提となる修復的正義の教育価値についてもホームルームや学級活動等で「教える」こととなる[29]。

また，問題行動めぐるケース等では，教師にファシリテーターの役割を期

待することは過剰負担となり，且つ学級内での「中立性」を考えた場合，スクールソーシャルワーカーの方がファシリテーターとして適任であるとの見解もあり[30]，教師は他職種との分業が期待される点もジャスト・コミュニティと異なる。

⑷　ジャスト・コミュニティと修復的実践の布置関係

以上をまとめた場合，ジャスト・コミュニティでは教師の「教える」行為は抑制されつつも，連続的な対話構造（＝隠れたカリキュラム）から，生徒の「道徳的気づき」を通じた道徳的社会化の促進が期待される実践といえる。

これに対し，修復的実践では「修復的正義」の原理に付随する相互尊敬やエンパワーメント等の「教育価値」を教師が日常的に教えた上で対話を行うため，ジャスト・コミュニティより価値を「教える」側面が強い実践といえる。

これを学校内の問題行動の解決場面に引き付けて考えた場合，ジャスト・コミュニティでは校則等の厳格な規律に即した「懲罰的対応」と関係者の対話を通じて対応を決める「修復的対応」とは，問題行動をめぐる教育観（＝ものの見方）の違いと認識され，対話の結果，「修復的対応」を引き出す可能性があると説明でき，初めから「懲罰的対応」を否定し，「修復的対応」自体に価値を見出す実践が修復的実践と説明できる。したがって，両者の布置関係を示せば，ジャスト・コミュニティの実践過程において「修復的対応」が導かれた際に，ジャスト・コミュニティと修復的実践とが接続される関係にあると考えられる。

さらに，教育方法論的に整理すれば，ジャスト・コミュニティは対話及び参加の構造的仕掛けにより道徳性の認知的刺激を与え，「正義」に満ちた「教育価値」の体得を目指す「認知発達的アプローチ」に基づく実践であるのに対し，修復的実践は「修復的正義」の原理に付随する「教育価値」を日常的に教えながら対話を行うため，「教える」ことに比重が置かれた「人格教育（品性教育）」に基づく実践といえる。

4．実践展開を支える教師支援の視座

⑴　ジャスト・コミュニティの実践事例に学ぶ教師支援の課題

　ジャスト・コミュニティは今なお魅力的な実践であり，日本でもその再評価がなされているが，こうした検討とともに，1980年代後半以降，世界的にも注目されたジャスト・コミュニティが衰退していった要因を検討することも重要である。

　なぜなら，ジャスト・コミュニティの現代的展開を探るにしても，修復的実践をはじめ，対話を通じて学校コミュニティの形成を目指す新たな実践を展開していくにしても，先行実践の教訓（実践展開の課題）に学んでおくことが前提であり，また実践を継続・発展させていく要素の析出にもつながるからである。

　ジャスト・コミュニティの実践評価に関しては，コールバーグの共同研究者であったパワー（C.F. Power）とヒギンズ（A. Higgns）が取り上げており，実践校の全体傾向として，開始初年度のコミュニティ・ミーティングでは概ね生徒達の学校コミュニティへの愛着意識は乏しく，個人主義志向が強い傾向が見られたとされる。

　例えば，最初にジャスト・コミュニティに取り組んだケンブリッジ高校内のクラスタースクール（選択校）での盗難事件をめぐる対話では，盗難が発生した環境（コミュニティ）への視点が弱く，加害者—被害者の問題という認識が強かったとされるが，2年目，3年目でのコミュニティ・ミーティングでは生徒間で学校コミュニティの問題と捉える視点が広がり，問題行動に対する集団責任の意識が発達し，道徳性の発達効果が認められると評価された[31]。

　しかし，ライマーらの研究では，続く4年目も道徳的判断の上昇等の実践目標を達成したが，5年目より達成された目標が揺らぎ始め，年度の終わりにクラスタースクールが閉校となったことを指摘している。

　この閉校の原因は，実践を行う教師の研修の欠如，親高校（ケンブリッジ高

校）と選択校（ケンブリッジ高校内クラスタースクール）の間の意見の相違（同一学校内での組織間の意見対立），新入生を迎える際の受け入れ態勢や学習障害児への対応不備等が挙げられており，学校スタッフ間の対立から最終的にコールバーグとスタッフの対立が現れ，道徳性の発達促進の試みは上手くいったが，学校は死んでしまったと評価されている[32]。つまり，学校全体で実践する際，教育目的を共有しつつ，教師に対する実践支援がなければ実践は継続しないことが教訓として残された。

　これを受け，二番目にジャスト・コミュニティに取り組んだスカースデール高校では，教師達は事前にコールバーグが所長を務めたハーバード大学の道徳教育研究所（Institute for Moral Education）で研修を受けて実践を開始させ，現在まで継続している。

　ただし，ケンブリッジ高校と同様，ジャスト・コミュニティに関与していない親高校の教師とジャスト・コミュニティに関与する選択校（スカースデールオルタナティブスクール）の教師との対立が生じ，また，生徒側からは自分達が道徳性発達のモルモットにされているというコールバーグへの不満の声も生じ，心理学の理論枠組から逸脱した実践上の声をいかに意味づけ，評価するかが課題とされてきた[33]。

(2)　実践を支える要素となる省察サイクル

　ジャスト・コミュニティが教師の負担感や学校スタッフ間の相互対立，あるいは生徒の不満感等を誘い，総じて衰退した教訓に学ぶべきは，学校コミュニティの形成を通じて正義の学校風土を醸成していくという「教育目的」を共有した上で，いかにして対話と参加を促す「教育方法」を無理なく具体化させるかである。そして，そのためには教師の「実践スキル習得機会」と実践を振り返り，次の実践につなげていく「省察機会」を設けることが必要である[34]。

　この点に関して，各国の実践研究を蓄積している IIRP ではトレーナーを配置し，実践を開始するに当たり修復的実践の「教育目的」と「実践スキル」

を学ぶ教師の研修機会を設けており（初任者向けの研修），さらに実践開始後も自らの実践を省察しながら，より実践スキルを高めていく教師の研修機会も設けている（中堅者向けの研修）。

修復的実践を実践するにはこれらの研修を受けることが前提となり（5章），研修受講の後，教師は修復的実践の基盤となる「相互尊敬」や「エンパワーメント」等の教育価値についてホームルーム等で教え，こうした教育価値に即して各教科でも対話（話し合い）を実施していく。そして，日常的な対話経験の蓄積の上に，問題行動をめぐる修復的対話が導かれることとなり，実践上，困難な点が浮上した場合，再度，IIRP において実践を振り返り，実践スキルを高めていくこととなる。

当然，ジャスト・コミュニティでも「発問（問いかけ）の深さ（in-depth）」の重要性は認識され[35]，スカースデール高校では教師の研修機会が設けられたものの，継続して実践を省察するサイクルが必ずしも十分ではなく，さらに研究者コールバーグが実践へ入り込むこと自体も課題となった。これは，道徳性の発達研究の観点から実践モデルを創出したがゆえの課題ともいえる。

一方，実践上の試行錯誤を通じて実務者の観点から生まれた修復的実践では，実践を支え継続させるサイクルとして，研修を通じた教師の実践スキルの習得機会及び省察過程が位置づけられている点が特色といえ，ジャスト・コミュニティの実践課題を乗り越え得るものである。

(3) 学校全体を通じた修復的実践の実践事例に見る継続課題

理論上，修復的実践はジャスト・コミュニティよりも教師の実践支援がカバーされているといえるが，当然，修復的実践の実践事例から教師の実践支援がいかに運用されているのかを確認することが必要である。

学校全体を通じた修復的実践の実践事例としては，1990 年代のミネソタ州の学校改革における修復的実践の展開が広く知られている。ミネソタ州は1980 年代より刑事司法領域で修復的正義を実践しており，その理論的指導者であるアンブライド（M. Umbreit）がミネソタ大学に修復的正義・仲裁センター

を創設し，ファシリテーター養成等が展開されていた実践背景を持つ地としても知られるが[36]，先述したように1980年代はアメリカで厳罰化政策が進んだ時期であり，学校内でも懲罰的対応が実践されてきた。

クリントン政権下の「連邦ガン・フリー学校法」(1994) では，学校においてゼロ・トレランス施策が義務付けられることとなり，小さな規則違反も見逃さない懲罰的指導が展開された[37]。その結果，ミネソタ州ではゼロ・トレランスの導入後3年間（1994～1996）で，退学率が3倍に上昇したことを重く受け止め，州の児童・家庭・学習局は1997年よりゼロ・トレランスに代わる指導として，少年司法分野で成功を治め始めていた修復的正義に学び，学校全体での修復的介入（Whole-school restorative interventions）を提案した。

ここで強調された点は，相互に尊敬できる学校コミュニティの形成を目指して対話を重んじ，問題行動が生じた場合は学校側が一方的に指導せず，生徒も問題解決過程に参加し，集団で合意形成を図ることであった。そこで，州は2000年代初頭まで修復的実践の資金援助を行い，実践を奨励した。

州の教育省で修復的実践の指導を担当したリーゼンバーグ（N. Ristenberg）は，実践の中間評価において，修復的実践を担う専門家を外部から雇い，実践展開が速い学校は専門家に従う傾向にあり，資金援助終了後は実践の継続性があまり見られないことを課題とし，実践の担い手である学校スタッフの研修に予算をかけることを提案した（3章）。

これはジャスト・コミュニティで課題となった教師の研修機会確保の問題であり，こうした課題への対応として，学校によってIIRPの研修が活用され，州レベルで修復的対話の実践マニュアルを作成するに至った[38]。

ただし，修復的実践では実践の省察サイクルはIIRPで設けられているものの，そのサイクルを活用するか否かは個々の学校に委ねられており，ジャスト・コミュニティと同様の課題を有している。すなわち，教師が実践を省察していくサイクルを無理なく設け，これらのサイクルを継続させることが共通課題として浮上している。

⑷ 実証効果を超えた「学習としての実践評価」の視点

実践を継続させていく上では，実践の担い手である教師支援及び行財政の支援とともに，当該実践が意味あるものか否か実践効果を実証的に評価し，実践のエビデンスを描いていくことが求められる。逆に言えば，エビデンスに意識を向けることなく，実践の省察サイクルを設けたところで，当該実践に意味を見出しがたい実務者には省察サイクルへの参加自体が負担となり得る。

しかし，研究者の実証評価の観点は，ともすれば，実践現場との乖離を招き兼ねず，ジャスト・コミュニティにおいては学校とコールバーグとの対立という形で現れ，いかに実務者をエンパワーメントする評価を設計できるかが課題となる。

この点について，晩年のコールバーグはジャスト・コミュニティ実践にかかわる中で，道徳性発達の評価尺度から「逸脱した声」に注目し，その声の意味づけ（＝評価）に意識を向け，この評価の視点は，今日の心理学研究で言われる実証尺度的な「科学的モード」を補完し，新たな意味づけをもたらす「物語的モード」に対応するものであったとされている[39]。

こうした実践上の苦難からも，実践評価は，研究者の関心に基づく査定的評価を回避し，実践現場をエンパワーする評価が求められるといえ，質的研究でも指摘されるように，「実践上の語り（ナラティブ）」を意味づけていく相互行為として捉えていくことが重要となる[40]。これを教育学の表現に言い換えれば，評価プロセスを意味づける「学習としての評価」の観点が求められているといえる[41]。

問題行動の予防を実践の入口とした修復的実践でも，当初，問題行動の予防効果という実証的観点が持ち込まれた。しかし，IIRP においても評価をめぐる議論が展開され，近年では問題行動の予防という観点よりも，生徒自身の感情表出（エモーショナル・リテラシー）に焦点が当てられ始めており[42]，実践評価方法としては，対話から紡がれる「言葉」の意味の解釈に力点が置かれる傾向にある。

ジャスト・コミュニティにおいても修復的実践においても，実践現場を実証評価に当てはめるのではなく，生徒自身が自己や他者と向き合い，自己肯定感を高められる「学習としての評価」の視点が求められているといえる。

5．子どもの発達段階と正義概念

ジャスト・コミュニティ及び修復的実践の比較検討からは，明確な「教育目的」と「教育方法」を掲げても，学校全体で取り組んでいく難しさが析出され，特に教師が目的と方法を習得していく過程を支援していくことが教訓として示された。この点は，学校の教育活動全体を通じた道徳教育の展開において示唆に富むものである。

やや粗い結論ではあるが，ジャスト・コミュニティ及び修復的実践の比較検討より，学校全体を通じた道徳教育においても，学校の「教育目的」を明確化した上で，その目的を実現していく「実践構造と教育方法」をデザインし，さらにそれらを理念に終わらせないために，実践の具体化を支える「実践スキルの研修機会」や実践を振り返る「省察過程」を設けることが必要であり，これらが学校全体を通じた道徳教育の展開を支える要素となり得る。

ただし，ジャスト・コミュニティ及び修復的実践は中高校生段階が中心の実践であり，日本の道徳教育の対象は小中学校であるため若干年齢層が異なっており，年齢層と関連していえば，子どもの発達段階に応じて「報復的正義（retributive justice）」，「分配的正義（distributive justice）」，「矯正的正義（corrective justice）」，「手続き的正義（procedural justice）」が操作されるともいわれ[43]，実践段階と発達段階をクロスした正義の観点分析が必要である。

また，「修復的正義（restorative justice）」とは上記の正義の類型に当てはまるものか否かの疑問も生じる。実践的にはジャスト・コミュニティでは「ケア」は「正義」に内包されるものとされたが，コールバーグへの理論的批判として，「ケア」と「正義」は相互に異なる原理で内包される関係ではないと指摘される[44]。

こうした疑問は修復的実践にも当てはまり，仮に「修復的正義」が新たな正義の類型とするならば，これを理論的に検証することが今後の課題である。

[1] 村井実『道徳は教えられるか』国土社，1967。

[2] 押谷由夫『総合単元的道徳学習論の提唱─構想と展開』文渓堂，1995。

[3] L. コールバーグ（内藤俊史・千田茂博訳）「『である』から『べきである』へ」永野重史編『道徳性の発達と教育─コールバーグ理論の展開』新曜社，1985，同（永野重史監訳）『道徳性の形成─認知発達的アプローチ』新曜社，1987。なお，1970年代にはE.E. マッコビィ編（青木やよひ・池上千寿子・河野貴代美他訳）『性差─その起源と役割』家政教育社（1979）が訳され，同書所収のL. コールバーグ「子供は性別役割をどのように認知し発達させるか」（1966）も訳されている。

[4] 荒木紀幸編『道徳教育はこうすればおもしろい─コールバーグ理論とその実践』北大路書房，1988，同『ジレンマ資料による道徳授業改革─コールバーグ理論からの提案』明治図書，1990 等を参照。

[5] L. コールバーグ・C. レバイン・A. ヒューアー（＝片瀬一男・高橋征仁訳）『道徳性の発達段階』新曜社，1992，佐野安仁・吉田謙二編『コールバーグ理論の基底』世界思想社，1993。

[6] 紅林信幸「学校改革論としてのコールバーグの『ジャスト・コミュニティ』構想─アメリカ道徳教育史の社会学的省察の中で」『東京大学教育学部紀要』34 集，1994，同「コールバーグ『ジャスト・コミュニティ構想』における生徒集団の組織原理」『滋賀大学教育学部教育実践研究指導センター紀要 パイデイア』Vol. 7，1999，高徳忍「いじめ問題を目指すHR活動─コールバーグのジャスト・コミュニティの視点から」『デューイ学会紀要』39 号，1998，梁貞模「L. コールバーグにおける『共同体』の概念」同前所収，高橋征仁「社会問題と逸脱研究の新しい視座の可能性─ローレンス・コ－ルバーグとジャスト・コミュニティ・アプローチ」『山口大学文学会誌』49 号，1999 等を参照。

[7] 2000 年代初頭からの論考をまとめたものとして，荒木寿友『学校における対話とコミュニティの形成─コールバーグのジャスト・コミュニティ実践』三省堂，2013 を参照。その他，細戸一佳「コールバーグのジャストコミュニティアプローチにおける提唱概念について」『関東教育学会紀要』37 巻，2010 も参照。

[8] 奥野佐矢子「コールバーグにおける道徳教育の理論─実践問題：ニューヨーク州スカースデールオルタナティブスクールにおけるジャスト・コミュニティの実践を中心に」『カリキュラム研究』13 号，2004。

[9] 小林将太「L. コールバーグのジャスト・コミュニティ・アプローチの発展的試み─F.K. オーザーによる道徳的討議への着目を事例として」『関東教育学会紀要』34 巻，

5．子どもの発達段階と正義概念　　*103*

2007，同「L. コールバーグのジャスト・コミュニティにおける現実生活の意味―その自我発達および授業との関係に着目して」『教育方法学研究』35 巻，2010，同「L. コールバーグのジャスト・コミュニティにおける社会科に関する考察―J.M. ボールドウィンの理想自己をてがかりに」『教育哲学研究』103 号，2011 を参照。

[10]　立山善康「正義とケア」杉浦宏編『アメリカ教育哲学の動向』昇洋書房，1995，梁貞模『L. コールバーグ理論の道徳理論―「正しい生」と「善き生」の関係をめぐって』青山社，2003，pp. 123-153。

[11]　G. ラフリー（宝月誠監訳）『正当性の喪失―アメリカの街頭犯罪と社会制度の衰退』東信堂，2002，p. 229。

[12]　清永賢二・徳岡秀雄『逸脱行動論』放送大学教育振興会，2002，pp. 57-82。

[13]　片瀬一男・高橋征仁・菅原真枝『道徳意識の社会心理学』北樹出版，2002，pp. 30-31，p. 104。なお，ジャスト・コミュニティは，1971 年に女子刑務所で試験的実践を試みた後，公立の大規模な高校内に設けられた選択校で実践され，ケンブリッジクラスター高校（マサチューセッツ州），スカースデール高校，ブルックリン高校，セオドア・ルーズベルト高校，ブロンクス理科高校（以上，ニューヨーク州）等で実践された。

[14]　1960 年代後半以降，社会学領域ではサーヴェイ調査に基づく実証主義が台頭し，シカゴ学派が得意とするモノグラフを描く質的調査は衰退していったとされる。この点は，玉井眞理子「シカゴ学派の盛衰―社会情勢的背景との関連からみた初期シカゴ学派の成立から衰退まで」『大阪大学教育学年報』Vol. 6，2001，pp. 58-59。アメリカの逸脱の社会学の研究史については，宝月誠『逸脱とコントロールの社会学―社会病理学を超えて』有斐閣，2004，pp. 18-23 も参照。

[15]　服部朗『少年法における司法福祉の展開』成文堂，2006，p. 257。

[16]　現在もスカースデール高校オルタナティブスクールではジャスト・コミュニティを継続しているようである（https://www.scarsdaleschools.k12.ny.us/page/454，2017 年 10 月 1 日閲覧）。

[17]　J. ライマー・D. パオリット・R.H. ハーシュ（荒木紀幸監訳）『道徳性を発達させる授業のコツ―ピアジェとコールバーグの到達点』北大路書房，2004，pp. 253-256。VLF については，渡辺弥生編『VLF による思いやり育成プログラム』図書文化，2001 を参照。

[18]　長谷川真理「道徳的判断と推論」『児童心理学の進歩 2006 年版』金子書房，2006，pp. 47-48。コールバーグの道徳性発達理論は，チュリエル（E. Turiel）らの社会的認知領域理論（Social Cognitive Domain Theory）として発展し，ポスト・コールバーグ理論とも呼ばれる。同理論に基づいた道徳教育もシカゴ市内の公立学校で実践されている。この点は，小柳正司「ポスト・コールバーグの道徳性発達理論と道徳教育―イリノイ大学シカゴ校における道徳教育プログラムの開発」『鹿児島大学教育

104 第7章 ジャスト・コミュニティと修復的実践の比較検討

学部教育実践研究紀要』14巻，2004を参照。

[19] H. ゼア（西村春夫・細井洋子・高橋則夫監訳）『修復的司法とは何か―応報から関係修復へ』新泉社，2003，pp. 3-9，宿谷晃弘『人権序論―人権と修復的正義のプロジェクトの構築に向けて』成文堂，2011，pp. 217-220。

[20] 2011年6月15日，第14回 IIRP 国際会議（於 Canada, Halifax, Westin Nova Scotian）でのワクテルへのヒアリング。

[21] この指摘は，藤田昌士『道徳教育―その歴史・現状・課題』エイデル研究所，1985，pp. 150-151 を参照。

[22] スカースデール高校では公正委員会，クラスター高校では規律委員会（風紀委員会とも訳される）とあり，実施校で名称に違いがある。この点は，荒木寿友・前掲，p. 105，ライマー他・前掲，p. 240。なお，各組織の概要は，A. ヒギンズ「アメリカの道徳教育」L. コールバーグ・A. ヒギンズ（岩佐信道訳）『道徳性の発達と道徳教育―コールバーグ理論の展開と実践』麗澤大学出版会，1985，加賀裕郎「モラル・ディレンマからジャスト・コミュニティへ」佐野・吉田編・前掲を参照。

[23] 紅林，前掲（1999），p. 88。

[24] Morrison, B., Restoring *Safe School Communities : A Whole School Response to Bullying, Violence and Alienation*, Federation Press, 2007, pp. 106-109, Thorsborne, M and Vinegrad, D., *Restorative Justice Poketbook, Teacher`s pocketbook*, 2009, pp. 31-32, 57-64.

[25] N. ノディングズ（＝立山善康・林泰成・清水重樹他訳）『ケアリング―倫理と道徳の教育：女性の観点から』昇洋書房，1997，p. 150。

[26] コールバーグ・レバイン・ヒューアー・前掲，p. 17，片瀬・高橋・菅原・前掲，pp. 28，127。こうしたアイディアの背景には，コールバーグが学生時代，シカゴ大学でミード（G.H. Mead）の社会的自我論を源流とするシンボリック相互作用理論で著名なストラウス（A. Strauss）にも学んでいたことがある。ハーバーマスは，コールバーグは特にアメリカ的なものとは何なのかを教えてくれる人物だったと回想しており，コールバーグがプラグマティズムの継承者とされる所以もこうした点から確認できる〔H. ハーバーマス（＝清水多吉・朝倉輝一訳）『討議倫理』法政大学出版局，2006，p. 84〕。

[27] 荒木寿友・前掲，pp. 281-285，細戸・前掲，p. 31。

[28] ライマー他・前掲，pp. 142-148。

[29] 山辺恵理子「修復理論における『正義』概念―関係性の構築と修復に主眼を置いた教育実践をめぐる議論を手掛かりに」『東京大学大学院教育学研究科紀要』51号，2011，p. 69。

[30] 山下英三郎『修復的アプローチとソーシャルワーク―調和的な関係構築への手がかり』明石書店，2011，p. 191。

5．子どもの発達段階と正義概念　　*105*

[31] C. パワー・A. ヒギンズ・L. コールバーグ（大西頼子・岡田義則訳）「正義的共同社会理論」日本道徳性心理学研究会編『道徳性心理学—道徳教育のための心理学』北大路書房，1992，pp. 70-113。

[32] ライマー他・前掲，p. 253。

[33] 奥野・前掲，pp. 19-22。なお，荒木寿友はスカースデール高校では学期末の生徒の作文による自己評価（student statement）とアドバイザーによる生徒評価（advisor statement）が設けられているものの，積極的に評価活動はなされていないことから，ポートフォリオ評価法（Portfolio Assessment）を提案している（荒木寿友・前掲，pp. 257-262）。

[34] 日本社会教育学会では，2012 年の学会年報において「社会教育における評価」を特集し，序では，ショーン（D. Schon）らが提唱する省察（reflection）概念を参照に実践を共同で振り返り，それを長期的に継続していく「学び合うコミュニティ」を培うことを提案している。この点は，大村惠・柳沢昌一「序：社会教育における評価への問い」日本社会教育学会編『社会教育における評価 日本の社会教育第 56 集』東洋館出版，2012，pp. 12-17。

[35] ライマー他・前掲，p. 157。

[36] M. アンブライト（藤岡淳子監訳）『被害者-加害者調停ハンドブック—修復的司法実践のために』誠信書房，2007，p. v。

[37] 船木正文「ゼロ・トレランス批判と代替施策の模索—学校における修復的司法」『季刊教育法』153 号，2007，pp. 28-31。

[38] 坂上香「クリエイティビリティを生かした『修復的アプローチ』の実践—英米の学校および表現活動の現場から」山下英三郎編『修復的アプローチ 海外での取り組み報告書』日本社会事業大学，2011，pp. 20-23。マニュアルについては，ミネソタ州教育局（山下英三郎訳）「修復的対話実践ツールキット」ミネソタ州教育局（未公刊），2012 を参照。

[39] 奥野・前掲，p. 23。

[40] J.A ホルスタイン・J.F. グブリアム（山田富秋・兼子一・倉石一郎他訳）『アクティヴ・インタヴュー—相互行為としての社会調査』せりか書房，2004，p. 10。

[41] 大村・柳沢・前掲，p. 13。

[42] 山辺・前掲，pp. 67-68。

[43] 大西文行『道徳性形成論—新しい価値の創造』放送大学教育振興会，2003，p. 31。なお，ジャスト・コミュニティは規律を重んじて正義を実現していく点で，ゼロ・トレランスと同質のものとする見解もある。例えば，諸富祥彦『教室に正義を！—いじめと闘う教師の 13 か条』図書文化，2007，p. 203。この「正義」の解釈はやや限定的であり，発達段階に応じた正義の観点分析が必要である。

[44] 立山・前掲，p. 360。

第8章　日本における修復的実践の文化的基盤
——再統合的恥付け理論を手がかりとして

1．はじめに

　ブレイスウェイト（J. Braithwaite）が「再統合的恥付け理論（Reintegrative shaming)」を提唱するに際して，国際的に犯罪率が低い日本に注目していたことは有名であり[1]，海外の研究では，日本文化は和の精神を尊び，被害者も加害者も包摂していく修復的正義の精神と調和的であると紹介されてきた[2]。

　こうした議論を受け，2000年代初頭には国内でも，修復的正義との関連で日本文化における恥や和の精神に言及する研究が表れた。

　例えば，菊田幸一は再統合的恥付けに関して，「RJ施策としての『恥』は，個人が確立している近代国家においてこそ求められるものであって，日本にはいぜんとして個人がない。その社会での『恥』は，まさに『恥を知れ』以外にはあり得ない」と批判的見解を示した[3]。

　また，西村春夫と細井洋子は海外の研究者が修復的正義との関係で日本を評価することに対して，集団に反する者は疎外される等の和の暗部に言及していない点に触れ，「被害者にやさしい」という形式，儀礼的な日本の和解文化が，逆に被害者支援を遅らせてきた一因となったことを指摘した。そして，日本の刑事司法における和解は被害者に焦点が当てられたものではなく，官主導の受動的和解であり，修復的正義の精神とは相容れないと警告した[4]。

　確かに日本では古くは『万葉集』でも私心のない透明な心が求められ，個の自己主張より和合が求められてきた側面があり[5]，個人の人権感覚の確立がない中では，時に相互関係が強圧的に圧し掛かり，事実を曖昧にして「円く治める」傾向や「暗黙の了解」とされる集団的雰囲気から逸脱する個人の

108　第8章　日本における修復的実践の文化的基盤

主張は集団から疎外される要因ともなり得る。

　徳岡秀雄はやや観点を変え，児童文学の国際比較等を通じて日本文化の人間観について考察を加え，「民話にも見る如くわが国では，＜自首・自白・謝罪→赦し→更生＞という儀式的相互作用の過程を経て人間は更生するものだと信じられてきた」と矯正可能性をめぐる日本の積極的な人間観を描き出しつつ，一方で量刑との関係で表面上の謝罪やそれに付随する冤罪を促す司法風土について警告した[6]。

　一般的に犯罪者へのまなざしは，日本よりもキリスト教や先住民族の慣習が色濃い文化圏の方が寛大であると考えられ，修復的正義の実施国では，宗教的・民族的慣習が反映されていることが多い[7]。これに対し，徳岡の研究では，宗教文化的背景が薄い日本は海外に比べて犯罪者への赦しの概念が狭いのかを探るべく，日本における修復的正義の文化的基盤を探る研究でもあった。

　こうした議論から時を経た現在，司法を超えて，学校や児童福祉領域における子どもの学校再統合，親子の再統合を図る実践としても修復的正義が注目されている。昨今ではワクテル（T. Wachtel）の『リアルジャスティス』も翻訳され，彼が主宰する「修復的実践のための国際組織（International Institute for Restorative Practices, 以下，IIRP）」に倣って，修復的実践という概念も広がってきた[8]。

　しかし，総じて言えば，日本の修復的実践は未だ実践途上であり，むしろ，重大犯罪に関しては，裁判員裁判を通じて極刑も免れ得ないとする世論傾向にある。こうした現在の日本社会では，修復的正義・実践とは夢物語なのだろうか。

　客観的に見れば，毎日のように犯罪が報道され，犯罪・非行をめぐるモラルパニックが生じている側面もある。それだけに，今一度，日本文化に内在する相互関係意識や更生場面における恥の意味を探ることは，修復的実践を進めて行く基礎作業として無駄ではなかろう。

　そこで，本章では，再統合的恥付け理論との関連で相互関係の中で持つ恥

の機能について整理し，日本の和の暗部とされる村八分における制裁として
の恥付け機能を昨今の「空気を読む」文化構造と関連付けて考察する。その
上で，恥の制裁的反作用を抑止し，道徳的社会化を通じた再統合的恥付けを
導く条件設定について考察し，日本の学校教育において修復的実践を試みる
現代的意義を論じていく。

2．日本文化における恥の類型・機能と現代文化への反映

⑴ 「私恥」の自覚に敏感な日本文化

　ベネディクト（R. Benedict）は日米の文化比較を通じて，日本は外面的強制
力に基づいて善行を行う「恥の文化（shame culture）」，米国は内面的な罪の自
覚によって善行を行う「罪の文化（guilt culture）」であるとし[9]，日本人の罪意
識の曖昧さを問題にした。

　これに対して，土居健郎は，ベネディクトには神と人間との契約関係が強
固な西洋文化的視点に基づき，「罪の文化」は「恥の文化」よりも優れている
という先入観があり，また，罪と恥の感情が相互に無関係に論じられている
点も問題とし，他者との「気の動き」において相互関係を取ることを日本文
化の特徴とした[10]。

　作田啓一は，ベネディクトの有した文化的バイアスへの批判とは別に恥の
概念の曖昧さを問題にした。作田は，恥とは他人の特別な注視の下に置かれ
る場合に誘発されるとし，ベネディクトは公開の場の嘲りに対する反応とし
ての「公恥（public shame）」だけに捉われすぎて，自己と他者との志向のずれ
に基づいて誘発される「羞恥」の側面を見落としていると述べ，これを「公
恥」に対して「私恥」と定義した[11]。

　つまり，ベネディクトの描いた恥は，世間一般における一定の優劣基準に
照らして，我々が劣等であると信じる自我の一部が白日のもとに露呈される
「公恥（普遍化された恥）」の側面であり，主に周囲から恥付けされる受動的性格
であった。

しかし，恥は必ずしも所属集団の共通の優劣基準によって誘発されるとは限らない。恥にはもう一つの側面として，状況的相互関係における他者と個人との志向のずれに基づいて誘発され，自ら恥じて感じ取る「私恥」の側面も存在しており，日本人は普遍化された「公恥」よりも，むしろ「私恥」の自覚に敏感とされている。

再統合的恥付けとの関連で，菊田幸一が日本の「社会での『恥』は，まさに『恥を知れ』以外にはあり得ない」としたのは，ネガティブなラベリングとなる「公恥」（＝受動的恥付け）を想定しているが，むしろ，再統合的恥付けで想定されている恥は，徳岡秀雄が指摘するように，被害者や家族，友人等に囲まれる中での対話を通じて，加害者が自ら過去の過ちに気づき，「後悔の念（remorse）」より自己を恥じるという部分で「私恥」（＝能動的な恥の自覚）に対応している[12]。したがって，日本が「私恥」の自覚に敏感な文化だとすれば，修復的正義で核となる再統合的恥付けも促されやすい文化構造のように思われる。

(2) 「私恥」の過剰反応による反作用と「空気を読む」文化

楽観的に見れば，他者との関係から自らを客観視して律する機能として「私恥」が位置づくように思われる。

しかし，日本が「私恥」の自覚に敏感な文化だとする主張は，日本人の精神病理の傾向から根拠づけられることも多く，必ずしも積極的に機能しているだけでもない。

土居健郎は日本人に人見知りや対人恐怖症，赤面恐怖症が多いことに関して，「周囲に対する恥の意識」が「周囲に対するおびえの意識」をもたらすためであると分析し，症状の本質は恥の感覚であると述べている。そして，対人恐怖症等を発生させやすい社会的要因が日本文化にあるのではないかと指摘している[13]。

この点と関連して，長井真理はかつて日本社会で行われていた村八分への恐れが近代以降も潜在意識（村八分妄想）として残り，そのような日本文化の

2．日本文化における恥の類型・機能と現代文化への反映　*111*

歴史的背景が，現代社会で多く見られる統合失調症等の根底に潜んでいるのでないかと分析しており[14]，日本人は他者の視線に敏感でそれが過剰反応となる場合，反作用として精神病理が生じるように思われる。

柳田国男は他者の視線に敏感な日本文化の特徴を踏まえ，日本人はにらめっこという遊びを発明して小さい頃から視線の強化に努めてきたと分析しているが[15]，現在では，子どもの頃から他者との親密関係が喪失傾向にある。すなわち，伝統的な遊びの中での視線強化の機会がなくなっているがゆえに，「私恥」の反作用として精神病理が社会問題化しているようにも思われる[16]。

このように，日常生活における親密関係が弱体化している場合，他者の視線により生じる「私恥」は周囲への恐怖感に転化され，個人に向けられる反作用を引き起こす。より現代的に言えば，個を押し殺し，不特定多数で構成される周囲の「空気を読み」続けることが求められる。

橋爪大三郎は，日本文化の曖昧性自体に注目して，これを「実質的な意思決定が誰だか分からない空気の支配による仕組み」と表現したが[17]，日本では物事の曖昧性こそがコミュニケーションのツールになっていることはほぼ「暗黙の了解」事項となっている。

昨今で言えば，「空気を読む」文化構造がそれあり，「空気」が読めない場合は，KY（空気が読めない）として，集団から疎外される恐怖感が内在している。

従来から，日本文化は人間と人間の関係を重視する「間人文化」と指摘されてきたが[18]，関係性が希薄したと言われる反面，関係性に飢えてより高度なコミュニケーションが求められる現代の集団関係における「空気」は非常に重苦しいものとなっている。

土井隆義は，昨今の子ども達が周囲との対立を回避して，誰も傷つかないようにするため，場の雰囲気や空気を読み合うことを「優しい関係」と表現しているが[19]，「優しい関係」の下では個人の本音は「地雷を踏む」ことにもなり兼ねず，まさに「空気を読む」サバイバルゲームとなる。さらに，「優しい関係」の下では，集団の空気を読んで逸脱しないことが求められる反面，

個人の「キャラ」が被らないように，集団の空気から逸脱しない範囲でのキャラ設定が求められる困難性も指摘される[20]。

このように，土井は表面的で空洞化した「優しい関係」の下での子ども達の「生きづらさ」を描き出し，リストカットや劇場型犯罪等のような自傷行為・犯罪行為を通じたキャラの立て方をその一例として分析した。つまり，「周囲に対する私恥」が「周囲に対するおびえの意識」へと過度に転化された場合，その反作用として個人を痛めつけ，ある場合は周囲を巻き込んだ逸脱行動を誘発する側面も浮かび上がる。

(3) 「公恥」に基づく制裁としての村八分

所属集団の中で空気を読みながらも，不幸にも空気を読み間違えた言動が公になったとき，今度は暗黙の集合意識により「KY」という「公恥」の制裁が下される。これがエスカレートすると，いじめへと発展していき，日本の「空気」や「和」の暗部が発生する。つまり，「恥」は制裁としても機能しており，「公恥」のレベルで意識的制裁として運用されたものこそ，村八分であった。

前近代の日本の農村社会では，制定法よりも土着共同体の団結と統制のために立てられた自治法 (慣習法) こそが重要であり，その一つとして「村八分」が機能した。すなわち，土着共同体では，生活規範を破った者は「農民による，農民のための，農民の制裁」として村八分という社会的制裁が下された[21]。

村八分とは，「冠・婚・葬・建築・火事・病気・水害・旅行・出産・追善」という10種類のうち，「火事」と「葬式」の二分を除いた八分の交際を絶つことを意味し[22]，農村社会で最も重い制裁であった。

村八分の形態は，農地改革や都市化現象等の社会状況との関係で意味合いが異なり，社会状況に即した村の集合意識に基づき運用された。

前田信二郎は，村八分の変遷形態に関して，土地所有形態や農村社会のヒエラルヒー，農地改革による変遷や町村合併，資本主義の農村進出等の要素を基準として，①「地主的形態」，②「ボス的形態」，③「民主的形態」，④「都

２．日本文化における恥の類型・機能と現代文化への反映　　*113*

市化的形態」（経済形態・行政形態）の４つに分類している[23]。

　「地主的形態」は，地主の権力と利益とを防御する政治的な要素の強い制裁であり，地主の支配に反対する者が村八分にされた。

　「ボス的形態」は，地主形態から自作農への移行・変遷期において，自作農の権力拡大を目指した政治的な策略だったとされ，無条件的に旧地主関係者や裕福で権力がありそうな者が村八分にされ，自作農の不当な権力拡大に反発する農民も村八分にされた。

　「民主的形態」は，先の２つの封建的形態とは性格が異なり，権力者の利益保護ではなく，地域住民の利益保護という観点に立ち，散発的な権力への抵抗として，住民同士が生活を統制していくために村八分が実行された。

　「都市化的形態」は，伝統的な地域社会による都市化政策への抵抗であり，旧住民が新住民を疎外して伝統的社会形態の保守のために村八分が実行され，経済的形態（現物経済から商品経済への抵抗）と行政的形態（町村合併や学校合併等への抵抗）の側面があった。

　上記のように，村の集合意識は，時に権力者の利益追求のために，時に住民同士の利益保護のために村八分という和の制裁を実行した。「民主的形態」に関しては，表面上は住民自治という「一揆」のような形態にも見えるが，村八分に疑問を呈する個人の意見は無視され，いずれも「個人」が封じられている部分は他の形態と共通している。

　こうした不安定な集団意識は「悪」を「善」に変える側面もあり，例えば，村の選挙において，立候補者の不正を見つけ，善意によりその不正を訴えた女子中学生の家庭が村八分にされる事例も存在しており[24]，個人の善意による意見が潰されて，逆に「公恥」に晒されて制裁対象となる側面もある。

　このように，村八分をめぐっては，そもそも村八分を決定する集会において，当事者の参加（弁明）の機会がなく，本人の知らない所で決定されて突然実行されることが，人権侵害に当たると認識され，後に個人の人権救済が法的に説かれていった[25]。

⑷　村八分意識の残存と現代の社会的排除

現在，表面上は村八分という社会的制裁は実行されていないが，いじめや犯罪・非行をめぐる加害者バッシングを見た場合，潜在的な集合意識により，村八分にも見える社会的排除現象が見られる。

内藤朝雄は，日本では学校共同体や会社共同体等，中間集団における強制力がきつく，これを「中間集団全体主義」としたが[26]，村八分においても，中間集団の集合意識による強制力が働き，個人の声は埋没していた。そして，現在の「空気を読む」構造も，まさに「中間集団全体主義」の下での同調傾向が反映されている。

「空気を読む」構造においては，「民主的形態」の如く，互いが互いを探りながら，誰かが集団から浮き出た場合，個人の意識とは別に，KY として「公恥」を下す一員として参加せねばならない。そして，選挙の不正を訴えた女子学生が村八分にされた事例のように，空気を読むことへの疑問を発言した場合，今度は途端に自分が KY として「公恥」に晒されることとなり，これが悪化するといじめへと発展していく[27]。

今日のいじめをめぐっては，実質的な加害者が見えにくく，学級集団が潜在的な加害者になり得ることが知られているが，これは「中間集団全体主義」の力学が反映されたものでもあり，被害−加害関係が見えにくいのも当然であろう

また，近時は face to face の場における「公恥」のみならず，学校裏サイトのような，不特定多数が閲覧するサイバースペースでの「ネットいじめ」にまで発展している。

「ネットいじめ」では，いじめの被害者側が「公恥」に晒される傾向にあるが，一方で，犯罪報道に目を向けた場合，インターネット上で加害者の個人情報や顔写真が晒される等，不特定多数の集合意識により，公開処刑のような社会的制裁が下される傾向も見られる。

これらは，いわば村八分の残存意識が反映された「現代版の村八分」とも言え，お互いの顔が見えないサイバースペースにおいて，排除のための連帯

（民主的形態）がなされ，「被害者」も「加害者」も救われない残酷性を帯びている。すなわち，個人の人権感覚がない中での和の文化には，残酷な側面があることを再確認しておく必要がある。

3．再統合的恥付けと道徳的社会化

(1) 価値意識を変革する「私恥」と再統合的恥付け

西村春夫と細井洋子が日本の和の文化を無条件に美化し，修復的正義と似て非なる実践を作り上げないように警告したように[28]，修復的正義はその原理・原則に従えば，対話参加者の一人一人の声を尊重し，加害者の「後悔の念」から「私恥」の自覚を引き出していく相互対話実践である。村八分のように，加害者を集団で吊るし上げ，「公恥」に晒すような実践ではない。

ただし，「私恥」の自覚に敏感な日本では，ともすれば，「私恥」は個人の内面を傷つける反作用を導き出し，ある場合は，「公恥」に結びついて集団からの排除の一因ともなる。すなわち，日本では公私いずれの恥もネガティブに機能して見えるが，井上忠司は「私恥」概念に更なる検討を加え，「私恥」が人間の内面の価値意識の変化に影響する側面を取り上げている[29]。

井上は「私恥」の機能を分析するに際して，作田啓一がシェーラー（M. Scheler）の恥に関する研究に依拠しつつも，恥のもう一つの条件とされた「価値意識の覚醒」の側面を取り上げなかった点を指摘し，「私恥」と「価値意識の覚醒」の関係について考察を加えた。

シェーラーの述べる恥の「価値意識の覚醒」とは，人間の価値意識は固定されたものではなく，常に低い段階に引き戻されるか，または高い段階に向上するかの間で緊張しており，恥の自覚はこうした動揺的事態の下で成立するというものである。

この点と関連して，リンド（H.M.Lynd）の研究では，罪は禁止事項にかかわる逸脱であり，処罰や懺悔によって緩和されて取り消されるのに対し，恥は自己全体にかかわるものであり，自分がイメージする理想へと自分が変わら

ない限り消えることはないとされる[30]。

そのように考えれば「私恥」は価値意識の変容を促す機能を内包しており，再統合的恥付け過程ではこの側面が焦点化されている。つまり，再統合的恥付けの内実は，加害者の「私恥」の自覚から，内面の価値意識の変容を通じて更生を促進していくことであり，周囲からの恥付けではなく，対話を通じた自らの恥の自覚を指している。換言すれば，ブレイスウェイトは価値意識の変容を促す「私恥」の側面に注目し，更生場面において意図的に「私恥」の自覚を促す条件設定として，再統合的恥付け過程を提唱したといえる。

(2) 「私恥」の反作用を抑止する条件

「私恥」の機能は価値意識を向上させる場合もあれば，精神病を誘発するような反作用も併せ持っており，その反作用を抑止し，自己変容に結びつける条件設定の考察が必要となる。

恥に関する先行研究を整理して，他者との関係性の観点から恥を分類したのが徳岡秀雄であり，恥を「法恥」，「顕恥」，「私恥」の3つに分類し，サンクションの決定主体をそれぞれ「法律」，「重要な他者（significant others）」，「一般化された他者（generalized others）」に対応させた[31]。これをまとめれば以下のようになる。

「法恥」は文字通り法律によって自覚させられる普遍的恥であり，ベネディクトの恥の概念に近いものである。

「顕恥」は個人の自己形成の媒介となる両親や仲間等の「重要な他者」との関係における禁止事項を犯し，その逸脱に気づいて，「重要な他者」の価値規範に同一化するプロセスで自覚されるものである。

「私恥」は「顕恥」が拡大されたもので，「一般化された他者」を介して自覚される恥であり，日常生活における慣習や規範を内面化するプロセスで自覚されるものである。

これを修復的正義の対話場面に当てはめれば，「重要な他者」との顔の見える親密関係の中で，加害者は被害者やコミュニティが知りたいと願う事実，

被害の賠償等について自らの言葉で応答していき，こうした過程で加害者は被害者に対して「後悔の念」を抱き，「顕恥」が導かれることとなる。

井上は「私恥」が「価値の覚醒」と関連性を持つことを示すに留まったが，徳岡はさらに「私恥」が引き出されるまでのプロセスとして「顕恥」を位置づけ，「顕恥」，「私恥」，「法恥」の相互関連性を導き出した。そして，この「顕恥」の条件設定こそが，「私恥」の反作用を抑止する条件設定だといえる。

修復的正義との関連で言えば，「本当の反省」は猛烈な「自責の念」を駆り立てるため，加害者を追い詰めて精神病や自傷行為に追い込む場合があるとされ，これが再統合的恥付けの反作用として危惧されてきた[32]。

そのため，対話の事前準備において，加害者，被害者の想いを聴きながら，参加のルールを入念に確認して対話環境を調整していく重要性が強調されてきたのであり[33]，これこそが「私恥」の反作用を抑止する条件に対応している。

(3) 道徳的社会化としての再統合的恥付け

犯罪学ではハーシ（T. Hirschi）が「社会的紐帯理論（Social Bond Theory）」の中で，「重要な他者」への愛着が犯罪抑止の一要素であると提唱しているが[34]，再統合的恥付けは犯行時に弱くなっていた「重要な他者」の存在感を，「重要な他者」との対話の中で回復させるアプローチでもある。

土井隆義が言うように，昨今の子ども達は，暗黙の内にその場の集団の中で「優しい関係」を結ぶ傾向にあるが，そもそも，そこで想定される「他者」とは本音で対話する関係になく，場合によっては，ブログやツイッター等，顔の見えないサイバースペースで本音を吐露しているような現実もある。

斉藤純一は「公共圏」とは人々の間にある共通の問題への関心によって成立するのに対して，「親密圏」とは「具体的な他者」の生/生命への配慮によって形成，維持されると指摘するが[35]，今日の子どもの世界では，「具体的な他者」を前にした「親密圏」が重苦しく且つ形式化し，サイバースペース等を含めた「公共圏」に居場所を求める傾向もあるのではないだろうか。すなわ

ち，「重要な他者」となり得る友人との関係も「優しい関係」の圧力に過ぎず，本音が言い合える「親密圏」となっていない現状もある。

こうした「親密圏」でのミクロな関係性自体が衰退傾向にある中で，再統合的恥付け過程は「重要な他者」とのミクロな関係性の再構築を目指すアプローチとしても位置づく。

また，発達心理学的観点から言えば，再統合的恥付け過程は，犯罪や非行をめぐる道徳的価値意識の変容を図る「道徳的社会化」の場としてその現代的意義は少なくなく，この点については，道徳的葛藤と道徳的判断の関連性に注目したコールバーグ（L. Kohlberg）の知見が示唆に富む。

コールバーグはプラグマティズムの思想とピアジェ（J. Piaget）の認知発達論に学び，他者の役割取得（role taking）による道徳的葛藤経験を積み重ねることで，正義（justice）の推論に基づく発達段階に沿って認知構造が質的に変化し，道徳性が発達するとした[36]。

さらに，バウマン（Z. Bauman）は道徳性の根源的場面は「顔」の見える face to face の関係の中にあり，「顔」との対面は「私」を「語ること」へと促し，他者へ応答していくことが引き出されると指摘している[37]。

これらを再統合的恥付け過程と関連づけて考察した場合，「重要な他者」に囲まれた「親密圏」の中で被害者感情を聴き，加害者の内面に＜問題行為の正当化＞と＜被害者や周囲へ迷惑をかけたこと＞との道徳的価値意識の葛藤が誘発される部分が注目され，被害者や対話参加者の発言を通じた他者の役割取得を通じて，道徳的判断の理由づけを現在の発達段階から組み換え得る構造が読み取れる。つまり，加害者の内面において，道徳的価値意識の葛藤を経由した上で，被害者や周囲に迷惑をかけてしまった「後悔の念」に基づく「顕恥」が誘発され，応答責任を通じた自己変容（更生）へつながっていくと考えられる（6章）。

4．日本的「空気」に切り込む教育戦略としての修復的実践

　修復的正義は刑事司法を超えて学校教育でも修復的実践として展開され，当初は校内暴力やいじめ等の問題において，加害者を出席停止や退学処分にする厳格な指導に代わり，問題をめぐる被害者と加害者との対話により問題解決を図る教育方法とされてきた。

　しかし，各国の実践研究を重ねる中で，次第に問題行動が生じた際の実践に留まらず，人格教育 (Characters Education) のように，対話の前提となる相互尊敬 (respect) やエンパワーメント (empowerment)，包摂 (inclusion) といった教育価値とともに対話スキルを学ぶ教育の総称が修復的実践と考えられるようになり，ホームルームや各教科の話し合い等にも応用されてきた。そして，日常からの「対話する関係性」づくりを通じて，問題行動が生じにくい学校コミュニティの形成を目指す学校全体のアプローチ (whole school approach) が構築されてきた (4章)。

　問題の未然予防から事後対応までを射程とする修復的実践の連続構造については三水準で整理されているが (4章 図2)，日本では問題行動ケースで即座に対話を行うことは困難が伴い，時に加害者を「公恥」に晒し，集団で吊るし上げる危険もあり，第一水準の対話をめぐる価値とスキル形成を基盤として各段階を連続的に実践させることが重要となる。

　もっとも，近年の日本では，いじめや問題行動をめぐる対応は「毅然とした生徒指導 (ゼロ・トレランス)」が支持される側面もあり，修復的実践のような対応は賛同を得にくい部分もある。

　しかし，空気を読み本音が言い合えない「優しい関係」に切り込み，face to face の関係で本音が言い合える関係づくりを目指す第一水準 (問題の未然予防) においては実践可能性が見出せ，むしろ，問題行動への対応は長期目標に据え，学校内での「対話する関係性」づくりの実践として展開する方が現実性を帯びていると思われる。

第8章　日本における修復的実践の文化的基盤

他方で修復的実践が学校コミュニティづくりばかりに力点が置かれ，個の視点が後退する場合，問題行動対策における「中間集団全体主義」を加速させるリスクもあり，学校全体のネットワイドニングを支える「統制の道具化」ともなり得る点は注意が必要である。

IIRP の研修では修復的正義の原理・原則に従って実践がなされているか，実践の省察が重視されているが，今後，日本で実践するに際しても，個人の発言を促進しながら，学級の「重たい空気」に切り込む教育実践となっているのか，実践の省察過程が課題となるだろう。

[1] 細井洋子・瀧田信之・山辺恵理子「＜対談＞ケアに適った正義，正義に適ったケア」『共生と修復』2 号，2012，p. 8。

[2] Masters, G., *'Reintegrative Shaming in Theory and Practice'*, Lancaster University, 1997.

[3] 菊田幸一「少年の修復的正義」所一彦監修『犯罪の被害とその修復—西村春夫先生古稀祝賀』敬文堂，2002，p. 252。

[4] 西村春夫・細井洋子「謝罪・赦しと日本の刑事司法—関係修復正義を考える」宮澤浩一先生古稀祝賀論文集編集委員会編『宮澤浩一先生古稀祝賀論文集第一巻』成文堂，2000，pp. 38-40。

[5] 相良亨『日本人の心』東京大学出版会，1984，pp. 47-48。

[6] 徳岡秀雄「少年司法における恥と謝罪の意義」『犯罪と非行』127 号，2001，p. 59。同論文は同『少年法の社会史』福村出版，2009 に所収。

[7] H. ゼア（西村春夫・細井洋子・高橋則夫監訳）『修復的司法とは何か—応報から関係修復へ』新泉社，2003，p. 6。

[8] T. ワクテル（山本英政訳）『リアルジャスティス—修復的司法の挑戦』成文堂，2005，pp. 152-154。

[9] R. ベネディクト（長谷川松治訳）『菊と刀』社会思想社，1967，pp. 257-258。

[10] 土居健郎『甘えの構造』弘文堂，1971，pp. 48-49，114。

[11] 作田啓一『恥の文化再考』筑摩書房，1967，pp. 10-13。

[12] 徳岡・前掲，pp. 39-41。なお，厳密には徳岡は公恥の下位区分として法恥と顕恥を位置づけ，家族等の「重要な他者」からの辱めが，加害者の恥の自覚化を促し，再社会化に有効としている。つまり，受動的な恥付け（＝公恥）と能動的恥の自覚（＝私恥）との中間領域として顕恥を位置づけているように思われる。この点は後述する。

[13] 土居・前掲，pp. 125-127。

4．日本的「空気」に切り込む教育戦略としての修復的実践　　*121*

[14]　長井真理「村八分論」飯田真・笠原嘉・河合隼雄他編『岩波講座精神の科学8　治療と文化』岩波書店，1983，pp. 373-374。

[15]　柳田国男『明治大正史　世相篇（新装版）』講談社，1976，p. 188。

[16]　平松毅も日本人に神経症や精神病が多く，特に「ひきこもり」が日本人だけに見られる点に注目し，その背後には親密な相互関係の喪失があるのではないかとする（平松毅『訴訟社会・囚人爆発と調停・修復的司法』有斐閣，2003，pp. 257-258）。

[17]　橋爪大三郎『人間にとって法とは何か』PHP研究所，2003，pp. 167-168。

[18]　浜口恵俊『間人主義の社会　日本』東洋経済新報社，1982を参照。

[19]　土井隆義『友だち地獄―「空気を読む」世代のサバイバル』筑摩書房，2008，pp. 8-10。

[20]　土井隆義『キャラ化する/される子どもたち―排除型社会における新たな人間像』岩波書店，2009，pp. 10-12。

[21]　前田信二郎「村八分の諸形態」『近大法学』5巻3号，1956，pp. 42-43。同論文は同『犯罪の都市化』有斐閣，1957に所収。

[22]　長井・前掲，p. 360。

[23]　前田・前掲，pp. 54-60。

[24]　石川さつき「村八分の記（抄）」武田清子編『戦後の日本思想体系2　人権の思想』筑摩書房，1970，pp. 121-134。

[25]　前田・前掲，pp. 90-91。なお，修復的正義ではなく，民事ケースを対象とするADR（Alternative Dispute Resolution，裁判外紛争解決手続き）であるが，その起源を村の寄り合いに見出そうとする見解もある。この点については，愛媛和解支援センター『ADR日本の原点を訪ねて報告書―「村の寄り合い」に「対話の原点」を求めて：周防大島ADR研修報告書』2006を参照。

[26]　内藤朝雄『いじめの社会理論―その生態学的秩序の生成と解体』柏書房，2001，p. 21。

[27]　なお，やや粗いが村八分の形態をいじめに当てはめた場合，いじめの実質的リーダーが学級内に存在し，水面下で周囲にいじめの指示を出すような形態が「地主的形態」に，学級内のサブグループ同士が対立して生じるいじめが「ボス的形態」に，「転校生」という異質な存在がスケープゴートを受けるいじめが「都市化的形態」にそれぞれ合致するように思われる。

[28]　西村・細井・前掲，p. 66。

[29]　井上忠司『「世間体」の構造―社会心理史への試み』日本放送出版協会，1977，pp. 132-133。

[30]　H.M. リンド（鑪幹八郎・鶴田和美共訳）『恥とアイデンティティ』北大路書房，1983，pp. 10-12，46-48。

[31]　徳岡・前掲，p. 43。

122　第8章　日本における修復的実践の文化的基盤

[32]　魚住絹代『女子少年院』角川書店，2003，p. 160，三木憲明「付添人（弁護士）の立場からみた修復的司法の現状と課題」藤岡淳子編『被害者と加害者の対話による回復を求めて―修復的司法における VOM を考える』誠信書房，2005，p. 144 を参照。

[33]　重大事件での対話への参加基準については，N.J. グット・D.L. ガスタフソン（竹原幸太訳）「暴力発生後の協働―ソーシャルワークと修復的実践」E. ベック・N.P. クロフ・P.B. レオナルド編（林浩康監訳）『ソーシャルワークと修復的正義―癒やしと回復をもたらす対話，調停，和解のための理論と実践』明石書店，2012，p. 365。

[34]　T. ハーシ（森田洋司・清水新二監訳）『非行の原因―家庭・学校・社会のつながりを求めて』文化書房博文社，1995，pp. 8-9。

[35]　斉藤純一『公共性』岩波書店，2000，p. 92。

[36]　L. コールバーグ（永野重史監訳）『道徳性の形成―認知発達的アプローチ』新曜社，1987 を参照。モラルジレンマは少年院の矯正教育でも導入された。この点は，宮本史郎「モラルジレンマ授業による道徳性の発達」『刑政』109 巻 6 号，1998，山本善博「モラルジレンマ指導」『矯正教育の方法と展開―現場からの実践理論』財団法人矯正協会，2006 を参照。

[37]　Bauman, Z., *Postmodern Ethics*, Blackwell, 1993, pp. 10-11.

第9章　学校の修復的実践から修復的少年司法
への架橋

1．はじめに

　少年司法と教育政策との関係を振り返れば，20世紀初頭に児童中心主義教育等の教育熱が刑事政策にも影響して少年司法の教育・保護主義が形成されてきたのに対し，21世紀には逆に少年司法の刑事司法化の動きが教育政策にも影響を及ぼす傾向を示している。

　近時，日本で厳罰が求められる背景には犯罪被害者支援の立ち遅れも関連しており，「救われるべきは少年ではなく被害者である」との言説が社会で共有されている側面もある。

　これに対し，厳罰化を進めてきたアメリカでは再犯と矯正施設への過剰収容が問題化し，厳罰か保護かの二元論を乗り越える実践として，修復的司法 (Restorative Justice) が展開されてきた。さらに，ニュージーランドでも先住民族のマオリ族の少年犯罪率が高いことを受け，対話により紛争解決を試みるマオリの伝統に倣い，1989年から軽微な事件では，被害者，加害少年，コミュニティの3者が対話により非行問題の解決を試みる「家族集団会議 (Family Group Conference)」が実践されてきた。

　1990年代に入ると司法の専門家が紛争解決を主導的に進めるだけではなく，紛争に関係する当事者が問題解決過程に参加する意義に光が当たり，非行・犯罪問題のみならず，虐待・ドメスティックバイオレンス (以下，DV) 等の児童福祉問題，校内暴力・いじめ等の教育問題でも問題解決過程に当事者が参加し，対話を試みる取り組みが修復的実践 (Restorative Practices) という用語で拡大し，1999年にはアメリカペンシルベニアにNPO「修復的実践の

ための国際組織（International Institute for Restorative Practices, 以下，IIRP）」（2000年に NPO 法人化）が設立された。

日本でも被害者支援は少年司法手続きと切り離して充実させるべき問題であるのに，少年法の支援状況と比較して，被害者の心理的，経済的支援の不備を指摘し，被害者が置かれているレベルと同じ苦しみを与える手段として厳罰を求めるのは論点がずれているとの批判が示され，被害者，加害者双方の支援を促す実践として修復的司法が注目された。その後，児童虐待・いじめ問題等での当事者参画を促す支援方法としても注目されてきた。

しかし，日本では修復的司法の実践を領域横断的に共有する機会は少なく（1章），修復的司法を実践する風土（修復的文化）の形成が必要との議論が生じたのも 2010 年代であり，その議論は緒についたばかりである[1]。

そこで，本章では少年司法と教育が連動しながら厳罰化へ傾いている国内の状況を受け，少年司法と教育が連動しながら少年の発達支援を促す方向として修復的実践に注目し，教育領域での修復的実践を通じて対話による紛争解決の基盤を形成し，その先に少年司法領域での修復的司法を位置づけ直すことで厳罰化に抗する方途を論じていく。

2．修復的司法の研究・実践の展開

(1) 諸外国の修復的司法の動向

日本では 2000 年前後から刑事司法・犯罪社会学領域で修復的司法・正義が注目され，近時，西村春夫がその研究動向を諸外国と比較して「修復的正義の年代史」として整理している[2]。

刑事司法領域で修復的司法が注目されたのは当事者自らが紛争解決に参加する原理の革新性にあった。すなわち，近代法成立以降，紛争解決は司法機関の専門家に委ねられ，紛争当事者は紛争解決過程から疎外されてきたのに対し，修復的司法では中立な第三者であるファシリテーター（メディエーターとも呼ばれる）の進行の下，被害者，加害者，コミュニティ（関係者）が自らの

意思で参加して対話する構造に注目が集まり，その最初の実践は1974年の
カナダ・キッチナーでの少年の保護観察であったとされる[3]。

　併せて，修復的司法では被害者の想いや加害者が実行可能な応答責任を導
き，紛争解決過程自体が市民の「共有財産（Conflicts as Property）」であり，近
代法ではその過程が国家の司法機関に奪われてきたとするクリスティ（N.
Christie）の見解も紹介され，世界的に修復的司法が拡大し，国際紛争解決で
も応用されてきた[4]。

　もっとも，修復的司法の最初の試みが少年の保護観察であったように，多
くの国では刑事司法よりも前に少年司法で修復的司法が導入されてきたが，
その適用場面は各国様々である。例えば，警察の補導段階で対話を実施する
ケースもあれば，万引き等の軽微な事件で裁判所が司法手続きから切り離し
（ダイバージョン），被害者と加害者の対話仲介を担う第三者機関に委託して対
話するケース（この場合，対話で決定される処遇が裁判所の決定に代替），矯正教育の
総仕上げとして，被害者，加害者双方が望む場合に少年院で実施するケース
もあり，各国の司法文化に応じた実践が紹介されてきた[5]。

　その中でも特に注目されたのは，殺人等の重大事件を除く軽微な事件を修
復的司法で対応することを法制化したニュージーランドの1989年「子ども・
若者・家族法（Children, Young persons and Their Families Act）」と日本の少年法に
影響力を持つアメリカの均衡的修復的司法（Balanced and Restorative Justice，以
下，BARJ）である。

　ニュージーランドで修復的司法が法制化された文化的背景には，先住民族
のマオリ族の少年犯罪率の高さがあり，その対応としてマオリの伝統的な紛
争解決形態に倣った「家族集団会議」が求められてきた経緯があった。その
ため，日本では法制化するのではなく，少年司法の手続き段階で家裁が外部
機関に委託する任意の取り組みで実践されるべきことが提案された[6]。

　アメリカでは厳罰か保護かに代わる少年司法の新しい理念として1997年
に司法省非行防止局がBARJを推進し，BARJでは，①加害少年が被害者に
与えた損害を能動的に償う「被害者への修復責任（Accountability）」，②加害少

年を地域の清掃や福祉施設へのボランティア等に参加させ，地域社会の一員としての能力向上を目指す「加害者の資質発達（Competency Development）」，③非行問題を機に地域住民の参加を得て安全な地域社会を再構築する「地域社会の安全（Community Safety）」の３つの調和的回復が目指されることが紹介された。

しかし，1970 年代から厳罰化に取り組んできた流れで３つの要素をバランスよく取り入れるのは困難であり，被害者寄りの運用にならないかと懸念され[7]，実際，元保護観察官のリチャード・ローレンス（R.Lawrence）も 1990 年代は加害者の再統合よりも被害賠償が焦点化し，より一層厳罰化が進んでいると指摘しており，被害者を口実に少年に半強制的な贖罪教育を押しつける厳罰傾向にあることも明らかにされてきた[8]。

(2)　日本の修復的司法の動向

日本では先ず民事司法領域で 1997 年設立の岡山仲裁センターで ADR（Alternative Dispute Resolution，裁判外紛争解決手続き）が開始され，少年司法領域では 2000 年改正少年法の被害者・遺族への配慮規定に鑑み，法務省矯正局長により「被害者の視点を取り入れた矯正教育」が求められ，同時期に井垣康弘判事（当時）による少年審判開催までに少年に被害者への謝罪を求める実践，小長井賀與保護観察官（当時）による保護観察での少年と被害者との対話実践が試みられる等，審判段階，矯正段階，保護観察段階での実践が芽生え始めた[9]。

民間では 2001 年に少年事件の対話を取扱う千葉の NPO 被害者・加害者対話の会運営センター（現在，対話の会）と被害者支援の中で加害者との対話を目指す少年犯罪被害者支援弁護士ネットワークが設立され[10]，日本弁護士連合会でも捜査段階から矯正段階で被害者・加害者からの申出を受け，双方の合意が得られた時点で対話を実施する「少年事件協議」が検討された[11]。

これらの動向を受け，前野育三は国内の修復的司法の実践を「民事訴訟型（少年犯罪被害者支援弁護士ネットワークの実践）」，「仲裁センター型（岡山仲裁セン

ターの実践)」、「NGO または NPO 型（対話の会の実践)」、「裁判官主導型（井垣判事の実践)」と分類しつつ、少年司法手続きでは試験観察中に家裁から独立した団体に委託して対話を実施する「試験観察活用型」、少年院の仮退院段階前や保護観察場面で対話を実施する「処遇過程における活用型」を提案した[12]。

その後、2004 年には前野が代表となり大阪でも NPO 被害者・加害者対話支援センターが設立され、2006 年に東京支部（代表伊藤冨士江）も開設された[13]。2007 年には警視庁が検挙した少年と被害者との対話（少年対話会）を全国実施し、2009 年には兵庫県弁護士会でも被害者加害者対話支援センターが開設されるに至った。

(3) 修復的司法の実践モデルの検討

国内外の修復的司法の実践動向を整理する研究に加え、そもそも、修復的司法はどこに価値が置かれる実践なのかを検討する研究もなされた。

高橋則夫はマーシャル（T. Marshall）が定義する「当該犯罪に関係するすべての当事者が一堂に会し、犯罪の影響とその将来への関わりをいかに取り扱うかを集団的に解決するプロセスである」とする「純粋モデル（Purist Model)」と、ワルグレイブ（L. Walgrave）が定義する「犯罪によって生じた害を修復することによって司法（正義）の実現を志向する一切の活動である」とする「最大化モデル（Maximalist Model)」の論争を紹介した。

具体的には、被害者、加害者、コミュニティの 3 者による対話過程に価値を置く純粋モデルに対し、最大化モデルは被害者への損害回復に価値を置くため、対話プロセスがなくとも、被害者への損害回復が図られる取り組みは修復的司法の一形態と捉える立場であり、高橋はその論点は修復的司法の重点がプロセスか成果かであると整理し[14]、修復的司法の実践過程で直接対話を必須とするか否かを問題提起した。

(4) 修復的司法の停滞

2000 年代前半には修復的司法の研究・実践が活性化したが、被害者団体か

らは被害者支援の充実，被害者の権利確立が先決であり，修復的司法は加害者と同じ土俵の上に立ってから議論すべきとの見解が示された[15]。

　被害者側からの消極的な反応もあり，修復的司法の実践は進まず，警視庁が全国実施した少年対話会も同庁発行『警察白書』には実施状況が掲載されず，民間団体でも対話の申込が皆無であることから，大阪の被害者・加害者対話支援センターは 2009 年に解散した。

　こうした中で，千葉の対話の会は市民から公募してファシリテーターを育成し，山田由紀子代表とともに実際のケースを担う実践を蓄積している貴重な場となっており，2007 年からは少年院からの依頼で「被害者の視点を取り入れた教育」のプログラムを担当し始め活動の幅を広げている。

　しかし，対話の会自体は少年司法手続きとは関係のない完全な任意の取り組みであるため，15 年間での対話申込み件数は 70 件（内，対話に至ったケースは 24 件）に留まっている[16]。

　もっとも，実務上は修復的司法とは意識しなくとも様々な修復的実践があることも事実であり，例えば，家庭裁判所では教育的措置の中で被害経験を聴く講習（被害を考えさせる教室）を実施し，少年矯正でも，級友同士の暴行事件で少年院へ入所した少年が退院して中学校へ復学する際，法務教官が級友にかけた迷惑を少年に考えさせながら，中学校と連携して被害少年との関係の回復を図る「復学調整プログラム」等が行われているが[17]，総じていえば，修復的司法の実践は足踏み状況である。

　研究面では修復的司法はその美名の下に少年司法の理念を揺るがしかねないとの批判がある一方[18]，厳罰化のサイクルを断ち，コミュニティと参加をキーワードに少年司法の教育機能を再生させる可能性を有した実践とする研究も浮上したが[19]，その可能性を社会でいかに進めるかの議論までには及んでいない。

　ここで改めて国際動向に目を向けた場合，修復的司法は単に司法領域に閉じられたものではなく，教育や福祉領域までを射程とし，対話による紛争解決の風土を作り上げる社会運動的側面も確認できる。先行研究では司法領域

の各論として修復的司法が議論され,「修復的実践」という領域横断的な視野から修復的司法を考察する側面が弱かったといえる。

3. 修復的実践を通じた対話風土の形成と厳罰論への対抗

(1) 修復的実践の構造と射程

教育領域では船木正文がアメリカの1994年連邦ガン・フリー学校法 (Gun-Free School Act) で義務付けられたゼロ・トレランスでは,規律から逸脱した少年は街頭に追い出され,街頭非行で少年司法手続に回った場合,厳しい処分を受ける「学校から刑務所へのパイプライン (School-to-Prison Pipeline)」現象が生じたため,ゼロ・トレランスが見直され,代替する指導として修復的実践が広がっている動きを取り上げている[20]。

しかし,近時は学校の修復的実践を基点としながら,対話で紛争解決を試みる風土を児童福祉や少年司法領域等にも根付かせていくより大きな動きも生じており,修復的実践が有する広範な社会運動的側面を捉えることも必要である。

修復的実践の原理と構造を体系化したのはアメリカの元公立中学校教師のワクテル (T. Wachtel) であり,現在では,問題行動が生じた際の実践に留まらず,対話の前提となる相互尊敬 (respect) やエンパワーメント (empowerment) 等の教育価値 (修復的価値) とともに対話スキルを学ぶ教育の総称として認識される至っている。

例えば,ホームルームや各教科の話し合い等において,小グループで円を作って座り,1枚の羽を回して羽を持った者が発言し,その他の者は発言者の意見を傾聴するトーキングピース (修復的司法の対話方法の一形態) を活用し,個々の意見を尊重しながら,グループ (コミュニティ) 全体としての意見を練り上げていく機会を学校生活に組み込んで実践されている。すなわち,普段から修復的価値に即して学校内での対話風土を形成し,こうした対話経験の蓄積から問題行動をめぐる対話が導かれ,同時に問題行動が生じにくい学校

130 第9章 学校の修復的実践から修復的少年司法への架橋

図3 領域別の修復的実践の連続性

日常レベル　　　　　　　　　　　　→　　　　　　　　　　　　司法レベル

教育領域	福祉領域	少年司法領域
非暴力的な紛争解決スキル等の学びを通じた学校内での修復的実践	児童虐待，DV 等をめぐる児童相談所・婦人相談所での修復的実践	家庭裁判所の教育的措置，試験観察，少年院の矯正教育，保護観察所の保護観察での修復的司法

コミュニティが構築されることとなり，現在では修復的実践は問題の未然予防から事後対応までをカバーした連続構造であると認識されている（4章，図2）。

さらに，学校全体での修復的実践のアプローチ（whole school approach）を教育領域を超えて，いかに地域社会の他領域の実践と連動させ，修復的価値に即した対話風土を根付かせていくかにも意識が払われている。

以上のように，教育領域での修復的実践を基点に対話風土を形成していく筋道は，ゼロ・トレランスに象徴される厳罰化政策に抗する動きであると同時に，義務教育段階から対話による紛争解決の慣習を形成し，その基盤の上に学校を超えて福祉・司法領域の修復的実践・司法を位置づけ，社会の厳罰主義を退けていく動きといえる。これを図2の修復的実践の連続構造を参照に日本での領域区分に応じて示せば図3のようになる。

なお，IIRP では修復的実践の原理と構造を描くだけではなく，理念と実践を合致させるために，実践を具体的に進めるスキル研修と実践の省察の場を設けているものの，それらの機会を活用するか否かは個々の学校・教師に委ねられており，修復的実践を進める研修・省察過程への参加の動機づけが重要な課題となる。

(2) 修復的司法と子どもの権利擁護

紛争解決をめぐる厳罰主義の転換を迫るべく，領域横断的に展開される修復的実践の動きは社会に一定のインパクトをもたらし，国連が子どもの権利保障の観点に立つ少年司法のあり方として修復的司法に言及する動きも浮上

している。

　子どもの権利に即した少年司法のあり方を示した国際準則には，子どもの権利条約に加え，1985 年「少年司法運営に関する国連最低基準規則（北京規則）」，1990 年「少年非行の防止に関する国連指針（リヤドガイドライン）」，1990 年「自由を奪われた少年の保護に関する国連規則」，1997 年「刑事司法制度における子どもについての行動に関する指針」があり，これらの国際準則に即した少年司法の手引きとして，1999 年に国連薬物統制犯罪防止部・国際犯罪防止センター発行『国際刑事政策レヴュー』で「国連と少年司法―国際基準とあるべき実務への手引（The United Nations and Juvenile Justice：A Guide to International Standers and Best Practice)」が作成されている。

　同手引きでは上記の国際準則を概説したうえで，修復的司法では加害少年自身も問題解決過程に参加し，処遇ではコミュニティを基盤とした立ち直り支援を促す点で，子どもの権利保障に即した実践になり得るとしつつ，修復的司法で決定される処分が司法処分とバランスを欠くことがないよう注意も示されている[21]。

　また，2002 年には国連犯罪防止刑事司法委員会第 11 会期で「刑事事象における修復的司法プログラムの活用に関する基本原理（Basic Principles on the use of restorative justice programmes in criminal matters)」が採択されたが，基本的には刑事司法を対象としており，日本では少年司法で修復的司法を実施することへの懐疑的見解も示された[22]。

　しかし，子どもの権利条約を採択した国々の少年司法の実施状況を踏まえ，2007 年に国連子どもの権利委員会が発表した「少年司法に関する一般的意見 10 号」の 10 項では，罪を犯した少年の「最善の利益」を考えた場合，「刑事司法の伝統的目的（禁圧・応報）に代えて，立ち直り及び修復的司法という目的が追及されなければならない」旨が示され，少年司法でも修復的司法に学ぶことが奨励された。

　2013 年には国連事務総長特別代表子どもへの暴力担当（Special Representative of the Secretary-General on Violence Against Children，以下，SRSG）が「子どもへ

の修復的司法の促進 (Promoting Restorative Justice for Children)」と題する報告書を発表した。

同書では，2010 年に欧州評議会 (Council of Europe) が作成した「子どもにやさしい司法 (child-friendly justice) に関するガイドライン」等に言及しつつ，子どもが安全な環境で発言できるように支援すること，司法処分に代替する処遇を促していくこと，子どもの再統合を支えるコミュニティの役割が明確化されていること等の修復的司法の実践原理は，子どもの意見表明，司法手続きやコミュニティへの参加を促す子どもの権利条約と合致することが示されている[23]。

2015 年 1 月にジュネーブで開催された少年司法の国際会議 (World Congress on Juvenile Justice) でも SRSG 代表のマルタ・サントス・パイス (Marta Santos Pais) が子どもの権利擁護を強化し，最善の利益を保障していくために修復的司法の促進を呼びかけている。

日本では修復的司法は被害者を口実とした厳罰化の一環であるとの批判もあるが[24]，それは BARJ の運用上の問題であり，国際的には修復的司法は子どもの司法参加と意見表明を保障しつつ，処遇段階ではコミュニティへの参加も保障する子どもの権利擁護実践として位置づけられている。

4．日本における修復的司法・実践の展望

(1) 修復的司法・実践を試みる意義

2008 年の少年法三次改正では少年審判の被害者傍聴を可能としたが，被害者からは十分意見が反映できる制度ではないとの批判もある (法務省「平成 20 年改正少年法等に関する意見交換会」2012)[25]。

しかし，少年審判は非行事実と要保護性を確認する場であり，被害者ニーズを反映する場ではない。それだけに法的事実を確認する審判の場とは別に，「被害を受けてどのように感じたか」，「今後，被害を回復するには何が必要なのか」等，司法の場では焦点化しない当事者のニーズを基盤として対話を試

みる修復的司法は日本でも要請される[26]。

これまで被害者と加害者との対話をめぐっては，「被害者は加害者の更生の道具とされないか」，「少年は被害者感情を深く理解するがゆえに自傷行為に陥るのではないか」等の批判も生じたが，本来，修復的司法への参加は任意であり，双方が望む場合に実施される。

併せて，対話の実施までには対話仲介機関が，被害者，加害者，関係者，それぞれの想いを丁寧に聴き，対話が出来る状況かを確認し，対話実施後もいつでも対話が中断できる安全性が確保されることの再認識が必要である[27]。

また，最大化モデルに立てば，直接対話でなくとも，ビデオや手紙等を活用して，被害者の想いを対話仲介機関の職員が代弁する間接対話も可能であり，被害者の参加は強制されることはなく，修復的司法への誤解を解くことが必要である。

それに加え，日本で修復的司法を実践する際の独自の課題も存在しており，2000 年少年法改正時，被害者への配慮規定において修復的司法の可能性に言及した石井小夜子は試験観察や保護観察，少年院での実践可能性に言及しつつも，修復的司法の土壌には幼児期から徹底した対話でものごとを解決する欧米流の人間関係の築き方があり，これが日本での課題とした[28]。

翻って，近時の日本の教育現場を見た場合，LINE 等の電子ツールを介したコミュニケーションが発達し，対面では空気を読む文化が根強く，お互い本音が言えず，こうしたストレスがサイバースペースに持ち込まれ，ある時はいじめ等の対人トラブルの種となる悪循環も見られる。さらにいえば，相互の対話を欠いた中での対人トラブルに基因する問題行為にもかかわらず，その指導自体が規律違反との理由から「毅然とした処分」が下される傾向もある（指導過程での大人との対話の欠如）。

であればこそ，紛争解決場面に限らず，対面での対話風土を学校で形成することは今日の教育課題でもあり，空気を読み本音を言えない風土に切り込む教育方法として，修復的実践は独自の意義を持っており，この先に修復的

134 第9章 学校の修復的実践から修復的少年司法への架橋

司法が位置づいていくと考えられる。

(2) 対話を育む茨田高校の実践

　日本の学校では，2006年に生徒指導が課題となっていた大阪府立茨田高校がADRの考えを基に紛争解決の仲介を担っているNPOシヴィル・プロネット関西と連携したピア・メディエーションを実践している。

　当初は，臨床心理士，弁護士が総合学習の選択科目でコミュニケーション能力の促進を目的として，積極的傾聴を行うためのロールプレイを生徒に実施すると同時に，教師にもメディエーションの理解を促す講座が行われた[29]。

　2008年には生徒有志でピア・メディエーションクラブが作られ，生徒達自身がピア・メディエーションの内容を紹介するDVDを作成し，紛争やトラブルを暴力や権力ではなく，対話で解決していくwin-winモデルの紛争解決の理解を促した。

　その後，2010年に大阪府で初めてコミュニケーションコースを設置し，「人の話を聴く」，「人の思いを理解する」，「自分の思いを伝える」という3つのコミュニケーションスキルの育成を目指し，そのスキルを活用して紛争でも仲間同士の対話により問題解決を図っていくことを学ぶ科目としてピア・メディエーションが設けられた。

　つまり，茨田高校では，コミュニケーションスキルの習得を通じて，豊かな人間関係を築くことを主目的として，その先に紛争場面でのピア・メディエーションが位置づけられている。また，教師側もメディエーションの理解を通じてコミュニケーションスキルが向上したため，教師が一方的に指導することがなくなり，生徒と教師とのコミュニケーションが円滑となり，生徒指導上の課題であった中退率も低下したと伝えられている（「体罰指導4 強制せず自覚育む」『毎日新聞』2013年1月29日）[30]。

　これは図2の修復的実践の連続構造と合致するのみならず，空気を読んで本音を言い合えない教育課題にも切り込む現代的意義を見出すことができる。さらに，ゼロ・トレランスが賛同を得て体罰容認の雰囲気すら浮上して

いる中で，教師が対話（コミュニケーション）を通じて生徒理解を深めている点も注目される。

　昨今，スクールソーシャルワークの文脈で「修復的対話」の実践を開始した山下英三郎が先ずは実践の積み重ねが課題であると指摘するように[31]，対話の風土を形成する教育領域での修復的実践の蓄積の先に，少年司法領域の修復的司法が再び位置づけられていくと考える。

　日本では学校教育の修復的実践は始まったばかりであり，茨田高校の実践等が子どもの権利保障とどのような関連を持つのか，生徒自治会等の対話を促進する国内の先行実践と比較して[32]，修復的実践はいかなる意義と課題を持つ実践なのかを検討することは今後の課題である。

[1]　宿谷晃弘『人権序論—人権と修復的正義のプロジェクトの構築に向けて』成文堂，2011，pp. 234-238。

[2]　西村春夫「研究ノート　日本における修復的司法の源流を尋ねて—比較年代史的検討」同・高橋則夫編『修復的正義の諸相—細井洋子先生古稀祝賀』成文堂，2015を参照。

[3]　H. ゼア（西村春夫・細井洋子・高橋則夫監訳）『修復的司法とは何か—応報から関係修復へ』新泉社，2003，pp. 161-163。

[4]　Christie, N., 'Conflicts as Property', British Journal of Criminology, Vol. 17, No. 1, 1977. 翻訳紹介として，クリスティ（平松毅・寺澤比奈子訳）「社会の共有財産としての紛争」『法と政治』（関西学院大学）54巻4号，2003を参照。その他，N. クリスティ（平松毅・寺澤比奈子訳）『人が人を裁くとき—裁判員のための修復的司法入門』有信堂，2006（A suitable Amount of Crime, universitetsfoelaget, Oslo, 2004）も参照。

[5]　染田恵「世界の修復的司法の概観」細井洋子・西村春夫・樫村志郎他編『修復的司法の総合的研究—刑罰を超え新たな正義を求めて』風間書房，2006，p. 385。

[6]　前野育三「修復的少年司法—少年の更生と被害者の権利の調和を目指して」『自由と正義』Vol. 53, No. 5，2002，p. 46。

[7]　徳岡秀雄「少年司法は均衡・修復司法の時代か」『刑政』111巻2号，2000，pp. 41-42，服部朗「修復的少年司法の可能性」『立教法学』55号，2000，pp. 272-273。

[8]　R. ローレンス（平野裕二訳）『学校犯罪と少年非行—アメリカの現場からの警告と提言』日本評論社，1999，pp. 285-291，山口直也『少年司法と国際人権』成文堂，2013，pp. 394-395。なお，国内の研究においても，少年の発達に応じた責任を求め

136　第9章　学校の修復的実践から修復的少年司法への架橋

る BARJ は，少年刑事処分の理論的基礎として妥当との見解も示されている。この
点は，津田雅也『少年刑事事件の基礎理論』信山社，2015，p. 292。

[9]　西村・前掲，pp. 77-78。

[10]　同ネットワーク設立背景は，児玉勇二「おわりに」少年犯罪被害者支援弁護士ネッ
トワーク編『少年犯罪と被害者の人権―改正少年法をめぐって』明石書店，2001，
pp. 291-292。

[11]　守屋典子「少年事件協議の実現に向けて―被害者と加害少年の直接対話による被
害者の損害回復と加害少年の更生」『自由と正義』Vol. 53. No. 5，2002，p. 49。

[12]　前野・前掲，pp. 44-46。

[13]　伊藤冨士江「東京 VOM センターの活動」『共生と修復』1 号，2011，p. 29。

[14]　髙橋則夫『修復的司法の探求』成文堂，2003，pp. 85-100。

[15]　大久保恵美子「被害者支援の充実が先」『朝日新聞』(朝刊) 2004 年 1 月 20 日等を
参照。

[16]　山田由紀子『少年非行と修復的司法―被害者と加害者の対話がもたらすもの』新
科学出版社，2016，pp. 6-7。なお，2009 年に設立された兵庫県弁護士会の被害者加
害者対話支援センターでは，現在まで 12 件の申込みの内，5 件で対話を成立させて
いる。この点は「被害者と加害者，法廷外対話を仲立ち，県弁護士会」『神戸新聞
NEXT』2017 年 9 月 27 日配信を参照（https://www.kobe-np.co.jp/news/shakai/
201709/0010590962.shtml，2017 年 10 月 1 日閲覧）。

[17]　廣畑文武「中学校との連携の在り方について」『更生保護と犯罪予防』139 号，
2002 を参照。

[18]　山口・前掲，p. 375。

[19]　葛野尋之『少年司法における参加と修復』日本評論社，2009，pp. 347-360。

[20]　船木正文「アメリカ合衆国のゼロ・トレランスの見直し政策」『人間と教育』85
号，2015，pp. 20-27。

[21]　国連ウィーン事務所（平野裕二訳）『少年司法における子どもの権利―国際基準お
よび模範的慣行へのガイド』現代人文社，2001，pp. 53-55。

[22]　山口・前掲，pp. 373-374。

[23]　SRSG on Violence Against Children, *Promoting Restorative Justice for Children*,
New York, 2013, pp. 29-31, 43-45.

[24]　山口・前掲，pp. 384-395。

[25]　なお，2008 年 12 月から 2015 年 7 月までの傍聴対象事件は 908 件（傷害致死，傷
害，過失運転致死傷等）であり，その内，492 件の申出があり，429 件が傍聴許可が
下りている（河原俊也「少年審判の運営」『法学教室』No. 423，2015，p. 8）。

[26]　兵庫県弁護士会の被害者加害者対話支援センターで対話を行った被害者からも，
「裁判の場で聞けなかったことが聞けた」との評価の声があることも報じられてお

り，実施件数もさることながら，被害者の満足度が重要であることが確認される（注16）。

27　N.J. グット・D.L. ガスタフソン（竹原幸太訳）「暴力発生後の協働—ソーシャルワークと修復的実践」E. ベック・N.P. クロフ・P.B. レオナルド編（林浩康監訳）『ソーシャルワークと修復的正義—癒やしと回復をもたらす対話，調停，和解のための理論と実践』明石書店，2012，pp. 363-364。

28　石井小夜子『少年事件と向き合う』岩波書店，2001，p. 173。

29　津田尚廣「ピアメディエーションへの取り組み」『子ども白書 2008』草土文化，2008，p. 89。教材については，シヴィル・プロネット関西『ピアメディエーショントレーニング講座』シヴィル・プロネット関西，2007 を参照。

30　池田径「『違いは間違いではない』『もめごとは悪ではない』」『月刊学校教育相談』2016 年 4 月号も参照。

31　山下英三郎「修復的対話実践への手がかりを探る」『共生と修復』4 号，2014，p. 22。

32　喜多明人『子どもの権利 次世代につなぐ』エイデル研究所，2015，pp. 211-253。

＜参考 HP＞
ARC 平野裕二の子どもの権利・国際情報サイト（「少年司法に関する一般的意見 10 号」）。
http://www.kodomo-hou21.net/_action/giffiles/hirano_iken.pdf，2017 年 10 月 1 日閲覧。
大阪府立茨田高校 HP
http://www.osaka-c.ed.jp/matta/index.html，2017 年 10 月 1 日閲覧。
NPO シヴィルプロネット関西 HP
http://www.npoadr.info/club.html，2017 年 10 月 1 日閲覧。

第10章　発達のつまずき・失敗を乗り越える「甦育」と修復的実践

1．はじめに

　2015年の公職選挙法改正に伴う18歳選挙権の実現により，現在，日本では成年年齢とは何歳を指すのか関心を呼んでいる。

　18歳選挙権は若年層の意見を広く社会に反映させようとする積極的な側面がある一方で，大人と同等の「責任」を求める発想も生み出す。すなわち，「成年年齢をわかりやすく18歳で統一する」との意見には，当然，少年法の対象年齢を20歳未満から18歳未満に引き下げようとする少年法改正論を浮上させ，重大な少年事件では「子どもとはいえ，大人と同じ刑事責任を求めるべき」との声が大きくなる。

　もっとも，法務省が発行する『犯罪白書平成28年版』のメインタイトルが「再犯の現状と対策のいま」とあるように，統計上は，一度，司法に触れた少年の立ち直り支援が課題となっており，18，19歳の少年を少年法の対象から外せば，適切な教育的支援が受けられず，むしろ，犯罪を増加させるのではないかとの懸念も示されている。

　そこで，法務省は少年法の対象年齢を18歳未満に引き下げた場合でも，刑務所で少年院と同等の教育指導を受けられるようにし，作業義務のある懲役刑と作業義務のない禁固刑を一本化して，再犯防止を図ることを検討している（『朝日新聞』2017年2月9日）。

　一方で，少年法関係者からは，そもそも，多くの若年層の声を反映させようとする公職選挙法と発達に困難を抱え専門的支援が必要な少年を対象とする少年法は異なる話題であり，選挙権年齢にあわせて上手く機能している少

140　第 10 章　発達のつまずき・失敗を乗り越える「甦育」と修復的実践

年法の対象年齢を引き下げる理由はないと指摘されている[1]。

　また，日本児童青年精神医学会からも，社会の変化とともに発達に困難を抱え治療が必要な青少年の年齢層は広がりを持ち，むしろ，少年法の対象年齢は引き下げるよりも，引き上げるべきとの声明も出されている（日本児童青年精神医学会「少年法適用年齢引き下げに反対する声明—適用年齢はむしろ引き上げられるべきである」2016 年 9 月 4 日）。

　さらに，関連領域の児童福祉領域では，2016 年の児童福祉法改正で児童の自立支援において必要な場合，自立援助ホームに 22 歳まで入所を可能とする変更がなされた[2]。これは児童福祉法の対象年齢である 18 歳未満を引き上げる動きであり，少年司法の対象年齢問題においても，発達の観点から検討されることが極めて重要である。

　そこで，本章では少年法の対象年齢の引き下げの声が高まる中で，今一度，発達に困難を抱えた少年の背景に目を向け，学校も含めいかなる支援が求められるのかを論じていく。

2．思春期・青年期の発達課題をいかに捉えるか

⑴　少年事件に登場する少年達の発達困難

　2015 年は川崎市で 18 歳・17 歳の少年 3 人が 13 歳の中学 1 年の少年を殺害した川崎事件とともに，名古屋大学（当時）の 19 歳の女子学生による 70 代の知人殺害事件（以下，名古屋事件）が発覚し，世間を騒がせた。これらの事件の少年達は 18・19 歳の「年長少年」であり，現在，議論される少年法の対象年齢の引き下げが実施されれば,大人と同じ刑事裁判で扱われることとなる。

　少年審判の場合，少年の生育背景等を丁寧に調査しながら，少年の発達課題を読み解き，それに応じた保護処分を下すのに対して，刑事裁判ではいかなる罪を犯したのかを明らかにし，それに応じた刑罰を与える刑事処分を下すため，発達支援の観点は後退する。

　例えば，川崎事件の加害少年達はひとり親家庭や外国籍にルーツを持つ家

庭に育ち，事件当時は高校を中退しており，生育過程の早い段階から発達に
困難を抱え，社会的支援が必要であったのにもかかわらず，それが放置され
てきた結果，事件が起きたことが知られている[3]。また，名古屋事件では女子
少年の逮捕後，宮城県の高校時代に同級生にタリウムを混入した飲料を飲ま
せていたこと（飲料を飲んだ同級生は視力が急激に低下して特別支援学校に転校）や，
「焼死体が見たい」との理由から放火を行っていたことが発覚し，SNS で「人
を殺したい。猫は飽きた」とつぶやいていたことも明らかになった。

　しかし，なぜこのような犯行を起こす心理に至ったのかに目を向けた場合，
発達心理学上は，周囲との関係性の中で「自分とは何者なのか」を探求しな
がら，「自我（アイデンティティ）」を形成していくのが思春期・青年期の発達課
題と説明されている点は注目される。

　また，思春期・青年期の問題行動の背景には，「周囲から期待される自己像」
を壊して，もう一度，自らの意思で「自己（＝自我）」をつくり変えていく側面
があることも指摘されており[4]，周囲と上手くなじめず，やや浮き出た青少年
達が「自分とは何者なのか」との発達課題に直面化し，もがいた結果，動物
や人を傷つけることで自分の存在意義を確認する「歪んだ自分づくり」へと
向かい，事件が生じているようにも見える。

　もっとも，2016 年は相模原の障害者施設で 19 人の利用者が殺傷された事
件が起き，加害者（青年）が精神的な問題を抱えていたことも重なり，特別な
教育ニーズを有するようなケースにおいては，「精神に異常のある犯罪者は
社会に野放しにすると危ないので，一生，施設に入れておくべき」との偏見
が高まっている現実もある。

　それだけに，学校段階においては，「試し行動」等の気になる問題行動が浮
上した場合，いかに多職種がチームとして連携し，早期に問題行動ケースを
アセスメントして適切な支援計画を立てるかが極めて重要であり，特別な
ニーズを有する青少年を加害者にさせないことが障害をめぐる偏見を軽減し
ていく上でも有効であろう。

⑵　裁判員裁判で見え難くなる発達課題

2000 年の少年法改正では，16 歳以上の少年が起こした重大な少年事件については，原則，家庭裁判所から検察官へ逆送し，刑事裁判で処分を下すこととしたため，川崎事件，名古屋事件では裁判員裁判の対象となった。

川崎事件では，横浜家庭裁判所は 3 人の加害少年を検察官へ逆送し，事件翌年に裁判員裁判が開始され，いずれの少年も自己中心的な観点が強く，凶悪な犯行であることから不定期刑が決定した。

名古屋事件では犯行が病的であることから，刑事責任能力の有無が問われ，精神鑑定を実施した後，名古屋家庭裁判所は刑事責任を問えるとの判断から検察官へ逆送した。

2017 年 1 月から開始された裁判員裁判では，女子少年は高校 2 年頃から焼死体に関心を持ち，放火未遂事件を起こし，友人にタリウムを飲ませて観察していたことを認め，「今でもタリウムがあれば使うかもしれない」との発言をし（『河北新報』2017 年 1 月 31 日，2 月 3 日），3 月に無期懲役が決定した。

なお，少年事件では，永山則夫連続射殺事件（1968 年，当時 19 歳であった永山少年が 4 人を射殺した事件）での死刑基準と照らし，18 歳以上で複数人を殺害したケースでは，少年事件でも死刑を求刑することが可能であり，2010 年に宮城県石巻市で起きた 18 歳の少年による元交際相手家族とその知人殺害事件では，少年事件の裁判員裁判で初めて死刑が求められ，2016 年 6 月に死刑が確定している。

2000 年代以降，被害者感情に立ち，「殺人等の重大事件では年齢問わず，厳罰が妥当だ」とする世論に応え，少年司法の改革を進めた結果，上記のような裁判員裁判では，犯行が残虐であり，裁判の場で少年に十分な反省の姿が見られないとの印象から，「市民感覚」を反映した「厳しい処分」が求められる傾向にある。

確かに，被害者の心理・社会的支援を社会全体で充実させていくことは喫緊の課題であるが，この被害者感情を世論として一般化し，少年法の構造全体に批判を加えていくことは的がずれていないだろうか。

そもそも，裁判員裁判では，発達に困難を抱えた少年が自らの非行と向きあうには時間がかかることや，事件を起こすまでの生育背景や少年の発達課題等がどの程度考慮されているのかは疑問も残る。被害者支援の立ち遅れにより浮上している被害者の「苦しみ」と同じレベルの「苦しみ」を与える手段として，加害少年への厳罰を求める発想では，被害者の「苦しみ」は復讐へと傾けられ，加害少年の立ち直り支援においては問題行動の背景にある発達課題を見え難くしてしまう。

被害者か加害者かではなく，被害者支援も加害者支援も充実させる修復的司法への発想転換が求められ，こうした発想を地道に育んでいく上で，学校における修復的実践が要請される。

3．つまずき・失敗から立ち直る「甦育」と修復的実践

⑴　少年事件から確認すべき機関連携・チーム支援

重大な少年事件を契機にエンドレスに「厳しさ」を求めるのであれば，少年法廃止論しかない。しかし，少年法が立ち直り支援に効果を上げている点に目を向ければ，少年事件を通じて，非行を予防していく「今後の教訓」を得ることが肝要となる。

例えば，名古屋事件では女子少年にタリウム入りの飲料を飲まされた被害少年は，警察へ被害届を出し，「クラスに変わった女子学生がいる。周囲に白い粉をなめさせていた」と述べており，同時期，女子少年の父親も「娘が知らないうちに薬品を買っている」と薬品の瓶を持参して警察へ相談に行っていた（『河北新報』2015 年 6 月 4 日）。

この際，警察署内でいかなる情報共有がなされたのか，あるいは，警察から要保護児童対策地域協議会や児童相談所等の関連機関へ情報共有がなされたのかは不明である。

以前より，様々な発達上のニーズを有する少年と向き合う「構え」として，教育，福祉，司法，医療等の関連機関の連携が求められてきた。

144　第10章　発達のつまずき・失敗を乗り越える「甦育」と修復的実践

しかし，多くの場合，事件が起きた後に「試し行動」が「非行の予兆」だったと気づくため，「気になる行動」を誰がどのタイミングで関係機関と情報共有し，「連携」による支援体制を作り上げていくかが課題である。今後，チーム学校構想をいかに具現化し，問題行動を未然に予防していくかがポイントとなるだろう。

⑵　「徳育」・「療育」から「甦育」へ

以上のように，近時は少年法をめぐり，「保護」から「処罰」へ切り離す「線引き」作業に関心が向けられている。

しかし，本来は思春期・青年期の「成長発達上のつまずき・失敗」として非行を捉え，その立ち直りを社会で支えていくことが少年法の考え方であり，こうした教育福祉の視点が後退している中で，「失敗」や「つまずき」から立ち直っていく過程そのものが「子どもの育ち」にかかわる問題であるとの再確認も必要である[5]。

従来，教育学研究では児童生徒の問題行動をめぐっては，問題を未然に予防していく上で，集団で守るべき規範や他者への共感性等を育み，望ましい人格形成を図っていく道徳教育に力を入れてきた。こうした取り組みは「徳育」・「訓育」と表現される。

他方で，問題行動の背景には「心の病理」があり，行為障害として問題行動が浮上しているため，これらの病理構造を調査・診断して，治療的にアプローチしていく「療育」にも力を入れてきた。

しかし，いずれも問題行動の原因を「個人」に求める傾向にあった。これに対し，修復的実践では，「関係性の病理」として問題行動が浮上していることを捉え，相互関係的な指導を展開していくことは既に述べたが（2章），これをいかなる用語で表現するかも重要な課題である。

ここで改めて「更生」という用語に注目した場合，「更正」ではなく，「更生」という表記になっている点が注目される。過去の過ちを「更に正す」のでなはく，「更に生きる」となっており，この二文字を足した場合，「甦る」

という漢字になる。つまり，どんなに世間を騒がす重大な事件を起こしても，「被害者」や支援の手を差し伸べてくれる「家族」や「仲間」等を想い，社会でなお生きていく過程が「更生」の内実といえる[6]。

処罰意識が高まる中で，過去の自分の起こした「問題」と向き合いながら，子ども自らが本来，有している「立ち直る力」を引きだし，社会の一員として，再び甦らせ，更に生きていくための育ちを支える教育的な働きかけが必要不可欠である。

筆者はこれを「甦育」という用語で問題提起したが[7]，子どもの「育ち」にかかわる問題として問題行動を捉え直す上では，従来の青少年問題対策を見直すとともに，「徳育」や「訓育」，「療育」を超えた視点が必要であると考える。

学校における修復的実践が「甦育」という営みとして位置づいていくのか，今後，国内の実践動向を観察しながら検証していきたい。

[1] 松尾浩也「巻頭言 少年法特集号に寄せて」『家庭の法と裁判』VOL. 3，2015。

[2] 山縣文治「児童福祉法改正をめぐって」『子どもの虐待とネグレクト』Vol. 19，No. 2，2017，p. 143。さらに改正後，進学や就職のみならず，家庭の事情等で措置延長が必要なケースについても検討され，児童養護施設や里親委託においても22歳までの延長が可能となった。

[3] 竹原幸太『失敗してもいいんだよ─子ども文化と少年司法』本の泉社，2017，pp. 10-24。

[4] 竹内常一『子どもの自分くずしと自分つくり』東京大学出版会，1987を参照。

[5] 失敗の意味づけ及び更生過程を宗教学的に論じたものとして，徳岡秀雄『悉皆成仏による「更生」を信じて─変質する不信の時代に隅より始める「信」の復権』福村出版，2017，pp. 92-107。

[6] 通常，「更生保護」とは司法の仕組みに即して保護観察の段階を指すが，発達課題として問題行動を捉え直していく上では，子どもが発達に困難を抱えてつまずき，荒れてしまうような，あらゆる段階で「更生」概念を援用したい。

[7] 竹原・前掲，pp. 146-147。

著者紹介

竹原 幸太（たけはら こうた）

1980年　仙台市に生まれる
2003年　早稲田大学第一文学部卒業
2005年　早稲田大学大学院文学研究科教育学専攻修士課程修了
2011年　早稲田大学大学院文学研究科教育学専攻博士課程単位取得退学
2012年　博士（文学）（早稲田大学）
現　在　東北公益文科大学公益学部教授（教育学, 児童福祉, 司法福祉）

主要著書

『菊池俊諦の児童保護・児童福祉思想に関する研究—戦前・戦中・戦後の
　軌跡と現代児童福祉法制への継承（早稲田大学モノグラフ 117）』（早
　稲田大学出版部, 2015 年）
『失敗してもいいんだよ—子ども文化と少年司法』（本の泉社, 2017 年）

教育と修復的正義
　—学校における修復的実践へ　　　　RJ 叢書 11

2018 年 3 月 1 日　初版第 1 刷発行

著　者　竹　原　幸　太

発 行 者　阿　部　成　一

〒162-0041　東京都新宿区早稲田鶴巻町 514 番地

発 行 所　株式会社　成　文　堂

電話 03（3203）9201（代）Fax 03（3203）9206
http://www.seibundoh.co.jp

製版・印刷　三報社印刷　　　　　　　　製本　弘伸製本
☆乱丁・落丁はおとりかえいたします☆　　検印省略
© 2018 K. Takehara　　Printed in Japan
ISBN 978-4-7923-6112-9 C3037

定価（本体 3500 円 + 税）

RJ 叢書

1　修復的司法の探求　　　　　　　　　　　　高橋則夫著

2　リアル ジャスティス―修復的司法の挑戦

山本英政訳

3　修復司法の根本を問う　　　　　　　　　西村春夫監訳

4　犯罪司法における修復的正義　　　　　　吉田敏雄著

5　対話による犯罪解決―修復的司法の展開

高橋則夫著

6　修復的司法の世界　　　　　細井洋子・染田　惠
　　　　　　　　　　　　　　　前原宏一・鴨志田康弘　共訳

7　これからの犯罪被害者学―被害者中心的司法への険しい道
西村春夫監訳

8　修復的正義の今日・明日―後期モダニティにおける新しい
　人間観の可能性　　　細井洋子・西村春夫・高橋則夫編著

9　修復的正義の諸相―細井洋子先生古稀祝賀
西村春夫・高橋則夫編

10　性暴力と修復的司法―対話の先にあるもの
小松原織香著

11　教育と修復的正義―学校における修復的実践へ
竹原幸太著